Entdecke die Welt der

PIRATEN

garant

Für die englische Originalausgabe
© Anness Publishing Limited, U.K., 1999
Originaltitel: DISCOVERY: PIRATES

Für die deutsche Ausgabe
© garant Verlag GmbH, Renningen, 2008

Text von Philip Steele
Fachliche Beratung: David Cordingly

Ins Deutsche übertragen von Eva Schweikart
Lektorat: Claudia Richter

Alle Rechte vorbehalten

ISBN 978-3-86766-104-1

INHALT

Gefahr am Horizont

▲ FEIND IN SICHT!
Vom Mastkorb eines Handelsschiffes aus erspäht der Wachposten mit dem Fernrohr dieses Schiff. An Deck sieht er nur wenige Männer in abenteuerlicher Kleidung, am Mast weht eine schwarze Totenkopfflagge. Kein Zweifel: ein Piratenschiff!

▲ PIRAT ODER HELD?
1580 wurde Francis Drake von Königin Elisabeth I. geadelt. Er hatte in Übersee als Freibeuter spanische Siedlungen und Schiffe und ein enormes Vermögen an sich gebracht (in heutiger Währung 70 Mio. Pfund). Den Engländern galt Drake als Held, für die Spanier war er schlicht ein Pirat. Lange Zeit war es üblich, dass Länder, die ein Weltreich aufbauen wollten, Schiffe feindlicher Nationen von Freibeutern überfallen ließen.

Stell dir folgende Szene vor, die sich so vor rund 400 Jahren abgespielt haben könnte: Ein spanisches Schatzschiff verlässt bei günstigem Wind den südamerikanischen Hafen Cartagena in Richtung Heimat. Es hat kistenweise Gold, Silber und Edelsteine geladen. Der Seemann im Mastkorb reibt sich die Augen. Was ist das am Horizont? Eine Wolke, ein Segel? Zwei Stunden später treibt das Schatzschiff brennend im Meer. Blutlachen an Deck zeugen von einem Piratenüberfall. Die Schätze werden den spanischen König nie erreichen.

Die Piraterie ist so alt wie die Geschichte der Seefahrt. Schon zur Zeit der alten Griechen trieben Seeräuber (peirates genannt) ihr Unwesen auf dem Mittelmeer. Später machten sie dann unter anderen Namen die Meere und ihre Küsten unsicher – als Korsaren, Bukanier, Barbaresken, Freibeuter oder Kaperer. Überfälle auf See gibt es auch heute noch, jedoch viel seltener als vor der Zeit der Dampfschiffe, die ab 1860 aufkamen.

KAMPFBEREIT ▶
Dragut Rais war ein Piratenführer von der nordafrikanischen Küste (oder Berberküste) zwischen Algier und Tripolis. Von dort aus unternahmen muslimische Seeräuber Angriffe auf Schiffe aus den christlichen Mittelmeerländern. Die Kämpfe zwischen Muslimen und Christen zogen sich bis ins 19. Jh. hin. Dragut Rais, einst Sklave auf einem christlichen Schiff, kam 1565 bei der Belagerung Maltas um.

◀ BERÜCHTIGTER BUKANIER
Gegen Ende der 1660er-Jahre stellte der Franzose François l'Olonnois in der Karibik Piratenheere aus Bukaniern zusammen. Die Bukanier waren Abenteurer aus Europa, die auf Hispaniola und anderen Inseln zunächst von der Jagd gelebt hatten. L'Olonnois war dafür bekannt, dass er Gefangene grausam zu Tode quälte. Als er Indianerkriegern in Mittelamerika in die Hände fiel, widerfuhr im das gleiche Schicksal.

◀ TOD EINES PIRATEN

Edward Teach, besser bekannt
als Blackbeard („Schwarzbart"),
war bis 1718 der am meisten
gefürchtete Pirat an der Atlantikküste Nordamerikas und im
Karibischen Meer. Sein Schiff,
die Adventure, wurde von dem
britischen Leutnant Robert
Maynard angegriffen. Es kam zu
einem erbitterten Zweikampf in
der Bucht von Ocracoke. Noch mit
fünf Schuss- und zwanzig Stich-
wunden kämpfte Blackbeard, bis
er zusammenbrach. Maynard ließ
den Kopf des Piratenkapitäns am
Bugspriet seines Schiffes anbringen: eine schaurige Trophäe.

◀ PIRATEN AN BORD!

Wenn Piraten ein Schiff geentert
hatten, raubten sie es aus oder funktionierten es zum Piratenschiff um.
Gegner, die den Kampf überlebt
hatten, musste sich den Piraten
anschließen oder wurden
in einem Boot ausgesetzt.

SCHIFF AHOI! ▶

Schiffe mit vielen Segeln wie Toppsegelschoner
und Briggs (rechts ein Modell) waren schnell
und ließen sich gut manövrieren. Daher bevor-
zugten die Piraten und Kaperer des 18. und 19.
Jh. diese Schiffstypen. Kaperer oder Freibeuter
nannte man Kapitäne, die mit Genehmigung
der Regierung ihres Landes Schiffe feindlicher
Nationen überfielen. Die Grenze zwischen Frei-
beuterei und Piraterie war oft verschwommen.

Die sieben Meere

Seehandel wird seit Jahrtausenden betrieben. Zur Zeit der Segelschifffahrt hingen die Routen vom Wind und von den Meeresströmungen ab; die Handelsschiffe mussten Riffe meiden, Meerengen durchfahren und immer wieder anlegen, um die Vorräte zu ergänzen. Mit der Zeit ergaben sich bestimmte Seewege, die Piraten anzogen. In den 1690er-Jahren machten die Piraten den Seeweg zwischen der Karibik und der indischen Westküste unsicher. Dabei folgten sie der „Piratenrunde": Sie verlief von der nordamerikanischen Atlantikküste bzw. vom Karibischen Meer zur Küste Westafrikas, um das Kap der Guten Hoffnung herum und an Madagaskar vorbei durch den Indischen Ozean. Um dem Treiben der Piraten Einhalt zu gebieten, setzten die Seefahrernationen Patrouillenschiffe ein. Schließlich beschränkte sich die Piraterie auf die Karibik und das Südchinesische Meer.

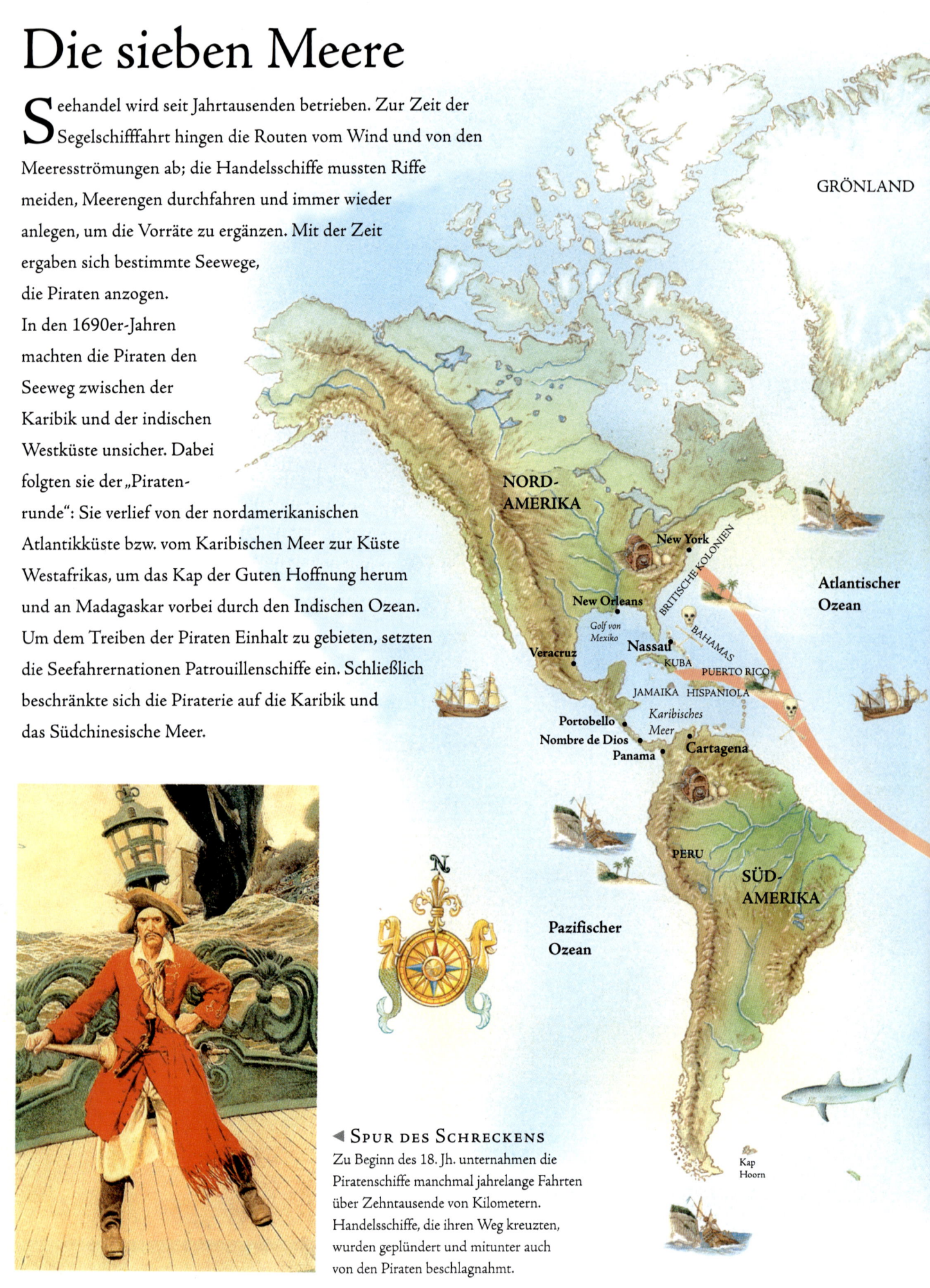

GRÖNLAND

NORD-AMERIKA

New York

BRITISCHE KOLONIEN

New Orleans

Golf von Mexiko

Atlantischer Ozean

Veracruz

Nassau

BAHAMAS

KUBA

PUERTO RICO

JAMAIKA   HISPANIOLA

Portobello

Karibisches Meer

Nombre de Dios

Panama

Cartagena

PERU

SÜD-AMERIKA

Pazifischer Ozean

Kap Hoorn

◀ SPUR DES SCHRECKENS
Zu Beginn des 18. Jh. unternahmen die Piratenschiffe manchmal jahrelange Fahrten über Zehntausende von Kilometern. Handelsschiffe, die ihren Weg kreuzten, wurden geplündert und mitunter auch von den Piraten beschlagnahmt.

LEGENDE

Bedrohung durch Piraten

Gefährliche See

Piratenhafen oder -schlupfwinkel

Schatz

Wikingerkrieger

Barbaresken (Piraten von der Berberküste)

Englische Kaperfahrer

Spanische Schatzschiffe

Chinesische Piraten

Arabische Piraten

Piratenrunde

AND

BRITISCHE INSELN

Nordsee

Ostsee

Hamburg

EUROPA

Saint Malo
FRANKREICH

PORTUGAL

SPANIEN

ITALIEN

Mittelmeer

Malta

Algier

Tripolis

BERBERKÜSTE

GRIECHEN-
LAND

Schwarzes Meer

Konstantinopel
TÜRKEI

Kaspisches Meer

ASIEN

Japanisches Meer

Persischer Golf

PIRATENKÜSTE

Surat

Arabisches Meer

CHINA

Hong Kong

Südchinesiches Meer

Rotes Meer

AFRIKA

Golf von Bengalen

MINDANAO

Singapur

BORNEO

SULAWESI

GUINEAKÜSTE

Indischer Ozean

MADAGASKAR

AUSTRALIEN

Kap der guten Hoffnung

7

Zu allen Zeiten

Schon im alten Griechenland trieben Piraten ihr Unwesen; ab 735 v. Chr. griffen sie Schiffe phönizischer und assyrischer Kaufleute an. Rund 400 Jahre später versuchte Alexander der Große vergeblich, ihrer Herr zu werden. Auch in römischer Zeit waren sie eine ständige Gefahr: Im 1. Jh. n. Chr., zur Blütezeit des Römerreichs, zerstörte ein Verband aus 1000 Piratenschiffen die gesamte römische Flotte und plünderte Hunderte Siedlungen entlang der heutigen türkischen Südküste. Im Mittelalter litten vor allem britische, nordfranzösische und norddeutsche Küstenorte unter Piratenüberfällen. Das 15. und 16. Jh. war eine Ära, in der die Europäer Land in Übersee eroberten, die Einheimischen beraubten und sie versklavten. Die Konkurrenz unter den Eroberern förderte das Kaperwesen. Die Küsten der karibischen Inseln sowie Mittel- und Südamerikas waren im 18. Jh. Schauplatz vieler Piratenüberfälle, und noch um 1920 stellte die Piraterie eine ernste Bedrohung im Südchinesischen Meer dar.

▲ GRIECHISCHE PIRATEN
Das Assyrerreich erstreckte sich vom Mittelmeer bis zum Persischen Golf. Vor seinen Küsten lauerten Piraten, hauptsächlich aus Griechenland. Phönizische Handelsschiffe, die einen assyrischen Hafen ansteuerten, mussten daher stets auch Waffen an Bord haben. 694 v. Chr. erklärte der assyrische Herrscher Sanherib den Seeräubern an der Golfküste den Krieg. Es gelang ihm, ihr gesetzloses Treiben einzudämmen, jedoch nur für einige Zeit.

WILDE NORDMÄNNER ▶
Von Skandinavien aus zogen die Wikinger südwärts, um Land zu erobern und Beute zu machen. Ab 789 griffen sie britische Küstensiedlungen an, und schon im 9. Jh. waren sie in ganz Europa gefürchtet. Auf den Flüssen Osteuropas drangen sie nach Russland und von dort bis in den Nahen Osten vor. In westlicher Richtung erreichten sie Island, Grönland und Nordamerika. Die Wikinger kämpften mit Äxten und Schwertern; in ihrer Kampfeswut bissen sie angeblich bisweilen in ihre Schilde.

◀ DER SCHWARZE MÖNCH
1217 kam der Flame Eustace bei einer Seeschlacht an der Südostküste Englands um. Bevor er unter die Piraten ging, war er Mönch gewesen. Eustace, der als Magier galt und angeblich mit dem Teufel im Bunde stand, verdingte sich sowohl bei den Engländern wie auch bei den Franzosen als Freibeuter.

SCHRECKGESTALT

Der englische Pirat Edward Teach (Blackbeard) war eine Furcht einflößende Erscheinung. Seinen Bart trug er zu Zöpfen gezwirbelt, und vor dem Kampf steckte er sich brennende Lunten unter den Hut. Um 1716 hatte die Piraterie in der Karibik so überhand genommen, dass Blackbeard seine „Jagdgründe" nach Norden ausdehnte. Er suchte die britischen Kolonien in Nordamerika heim, wo er reiche Beute machte.

WAFFENBRÜDER

Anfang des 16. Jh. waren Arudsch und Cheireddin gefürchtete muslimische Piraten (Barbaresken). Wegen ihrer roten Bärte nannte man sie die „Brüder Barbarossa". Spanische und italienische Seefahrer geißelten sie als grausam. In ihrer nordafrikanischen Heimat galten sie als hervorragende Kapitäne und genossen hohes Ansehen als politische Führer.

VOR CHINAS KÜSTEN

Hier segeln britische Marineschiffe in die Biasbucht, einen Piratenstützpunkt östlich von Hongkong. Dort hatte sich 1849 Chui Apoo verschanzt, der Leutnant des Piratenkapitäns Shap'n'gtzai. Die Briten jagten Chui Apoos Flotte in die Luft. Chui Apoo entkam, und als er später gefasst wurde, beging er Selbstmord, um der Verbannung zu entgehen. Die Inseln zwischen China und den Philippinen waren lange Zeit Unterschlupf für Piraten, die nicht nur Handelsschiffe überfielen, sondern auch Küstenorte heimsuchten.

Piratenkarrieren

Wenn jemand im 18. Jh. Pirat wurde, konnte dies verschiedene Gründe haben. Mancher entfloh dadurch einem Leben in Armut oder Sklaverei; Letzteres traf z.B. für Afrikaner zu, die man gegen ihren Willen in die Karibik verfrachtete. Politische Aufrührer betätigten sich als Seeräuber, ebenso Abenteurer. Auch entflohene Häftlinge waren unter ihnen, außerdem ehemals ehrbare Seeleute, die sich den Piraten hatten anschließen müssen. Manche Piraten entstammten vornehmen Familien und hatten der Gesellschaft aus irgendwelchen Gründen den Rücken gekehrt.

Piraten waren gemeinhin dafür bekannt, dass sie grausam vorgingen. Neben den gesetzlosen „Schrecken der Meere" gab es noch die Kaperfahrer oder Freibeuter, die nicht auf eigene Faust, sondern im Auftrag der Regierung ihres Landes feindliche Schiffe überfielen. Als offizielle Genehmigung führten sie einen Kaperbrief mit. Sie galten – zumindest im eigenen Land – oft als Helden.

▲ Vom Fischersohn zum Helden

Jean Bart, 1651 als Sohn eines einfachen Fischers in Dünkirchen an der französischen Nordküste geboren, wuchs zu einer Zeit auf, in der viele junge Männer von Korsaren angeheuert wurden. Bart erlangte aufgrund seiner kühnen Angriffe auf britische und holländische Schiffe in seiner Heimat Frankreich den Status eines Helden.

▲ Wilde Horden

Die Bukanier in der Karibik kamen aus vieler Herren Länder; etliche waren französische Flüchtlinge von der Insel Saint Kitts, um die englische und französische Siedler lange kämpften. Sie erkoren die Insel Tortuga zu einem ihrer Stützpunkte. Ihr Name leitet sich von boucans ab; so hießen die Räucherhäuser, in denen sie Fleisch haltbar machten. Die Bukanier galten als ausgesprochen blutrünstig und grausam.

◄ Nachschub an Leuten

Links ist Henry Morgan bei der Auswahl neuer Leute für seine Bukaniertruppe zu sehen. Morgan schloss sich 1654 einer britischen Expedition an, die Jamaika von den Spaniern erobern wollte. Er wurde für seine Kühnheit geadelt und zum Gouverneur von Jamaika ernannt. Allerdings gab er das wilde Leben nicht auf und starb 1688 mit 53 Jahren an Trunksucht.

▲ Sei gewarnt!

Die am Galgen baumelnde Leiche eines Piraten soll dem jungen Mann, der gerade auf einem Schiff angeheuert hat und auf dem Weg dorthin ist, als Warnung dienen. Mancher Bursche gab im 18. Jh., der Arbeit überdrüssig, seine Lehre auf, um auf See sein Glück zu machen. Waren unter der Besatzung entflohene Verbrecher oder Raufbolde, geschah es leicht, dass sich die jungen Seeleute unter deren Einfluss dem Piratentum zuwandten.

▲ Meuterei – und was dann?

Das Bild zeigt britische Seeleute, die 1797 wegen der harten Bedingungen an Bord meutern. Meuterer mussten mit der Todesstrafe rechnen. Viele entzogen sich dieser, indem sie Piraten wurden.

Ein neues Leben ▶

William Lewis hat sich ein Büschel Haare ausgerissen, das er in der Hitze des Gefechts dem Teufel darbietet. Bevor Lewis (um 1684–1718) Piratenkapitän wurde, war er Berufsboxer. Manche Piratenlaufbahn begann mit solch einem Schwur auf den Teufel. Lewis wurde auf den Bahamas gefangen genommen. Unterm Galgen stehend, forderte er ein Glas Rum.

▲ Bist du nicht willig ...

Hier hat eine Gruppe Piraten einen jungen Mann erspäht. Nach einem Schlag auf den Kopf wird er Stunden später auf einem Piratenschiff wieder zu sich kommen – bereits auf hoher See. Nicht nur Piraten, auch die Besatzungen von Marine- und Handelsschiffen rekrutierten gewaltsam neue Leute.

Frauen als Piraten

Auf Piratenschiffen wurden – gemäß einer alten Seefahrertradition – keine Frauen geduldet. Die Kapitäne wollten, dass die Besatzungsmitglieder sich auf ihre Aufgaben konzentrierten und nicht um die Gunst einer Frau in Streit gerieten. Es kam jedoch hin und wieder vor, dass abenteuerlustige Frauen dem Verbot zuwider handelten. In Männerkleidung heuerten sie auf Piratenschiffen an. Es ist unwahrscheinlich, dass sie ihre Tarnung lange aufrecht erhalten konnten, denn auf den Schiffen lebte man sehr beengt. Wie die Männer wurden auch die Frauen von der Aussicht auf Reichtum zum Piratendasein verlockt. Mary Read und Anne Bonny gelang es, den Piratenkapitän John Rackham (der in der Karibik sein Unwesen trieb) zu überzeugen, dass er sie an Bord nahm. Die beiden Piratinnen erwiesen sich als mindestens ebenso kühn wie ihre männlichen „Kollegen".

◀ FRAUENPOWER

Prinzessin Alwilda aus Gotland in Schweden gilt als erste Piratin der Geschichte. Vor rund 1500 Jahren stach sie mit einer Frauenmannschaft in See. Alwilda wurde Piratin, um der Heirat mit einem Prinzen zu entgehen, den ihr Vater als Gemahl für sie vorgesehen hatte. Links ist sie in Kleidung dargestellt, wie man sie erst viel später trug.

Zu den von Mary Killigrews Leuten erbeuteten Schätzen gehörten auch spanische Dublonen.

◀ LADY AUF ABWEGEN

Am Neujahrstag 1583 wurde das spanische Schiff Maria von einem Sturm in die Bucht von Falmouth (Cornwall) getrieben. Es ankerte unterhalb von Arwennack House (links), dem Anwesen der adligen Killigrews. Nachts schlich sich Lady Mary Killigrew mit ihren Dienern an Bord. Sie überwältigten die Mannschaft, und die Lady verließ das Schiff wieder, bevor ihre Leute es aufs Meer hinaus steuerten. Dort warfen sie die gefesselten Spanier über Bord und segelten nach Irland, wo sie die Fracht verkauften. Angeblich war Mary Killigrews Gemahl, Sir John, damals als Regierungsbeamter mit der Bekämpfung der Piraterie in Cornwall befasst.

▲ DAVONGEKOMMEN

Die kleinen Inseln in der Bucht von Clew an der irischen Atlantikküste dienten in den 1560er-Jahren einer Piratenflotte als Stützpunkt. Das Kommando hatte eine Adlige namens Grainne Ni Mhaille (Grace O'Malley). Ihr irischer Spitzname lautete Mhaol, was so viel wie kahl oder kurz geschoren bedeutet. Nach Jahren als Piratin konnte Grace sich ihrer Strafe entziehen: 1593 schloss sie ein Friedensabkommen mit Elisabeth I.

ALS MANN VERKLEIDET ▶

Mary Read trat als Mann verkleidet in die englische Armee ein und heirate später einen flämischen Soldaten. Nach dessen Tod reiste sie in die Karibik. Unterwegs wurde ihr Schiff von Piraten überfallen, was Mary Read offenbar tief beeindruckte, denn bald darauf schloss sie sich John Rackham an. An Bord seines Schiffes lernte sie die Piratin Anne Bonny kennen. Nach ihrer Gefangennahme entgingen die beiden Frauen dem Galgen, weil sie schwanger waren. Mary Read starb jedoch vor der Geburt ihres Kindes im Gefängnis.

◀ PIRATENBRAUT

Anfang des 18. Jh. wanderte die aus Irland stammende Anne Bonny mit ihrem Vater nach Nordamerika aus. Sie brannte mit einem Seemann auf die Bahamas durch, verließ ihn jedoch bald darauf, weil sie den tollkühnen Piratenkapitän John Rackham (Calico Jack) kennen gelernt hatte. Anders als die betrunkenen Männer, leisteten Anne Bonny und Mary Read bei der Gefangennahme von Rackhams Mannschaft erbitterten Widerstand. Zeugen sagten beim Prozess aus, die beiden Frauen seien stets schwer bewaffnet gewesen und gewaltsam gegen ihre Gegner vorgegangen.

▲ DIE CHINESISCHE WITWE

Ching Shih war die Witwe eines 1807 verstorbenen Piratenkapitäns und übernahm das Kommando über dessen Flotte aus 1800 Schiffen mit über 50.000 Mann Besatzung. Indem sie harte Strafen verhängte (Dieben z.B. drohte die Enthauptung), erreichte sie, dass ihre Leute Disziplin hielten. Drei Jahre lang trieb die Flotte Ching Shihs in den Gewässern um China ihr Unwesen. 1810 verhandelte die Piratin mit der chinesischen Regierung und erreichte Straffreiheit für sich.

Kapitäns-Outfit

Ein Piratenkapitän, der es zu Wohlstand gebracht hatte, trat gern in eindrucksvoller Kleidung auf. Der Pirat Denis McKarthy trat 1718 mit blauen Bändern an Hut, Kragen, Handgelenken und Knien unter den Galgen und schleuderte seine Schuhe mit Silberschnallen in die Menge. Wenig Wert auf ihr Aussehen legten die Bukanier der 1630er-Jahre: Sie trugen schmutzige Leinenhemden zu knielangen Hosen und groben Stiefeln. Etwa hundert Jahre später kleideten sich viele Piraten in Baumwollhosen und locker fallende Hemden, dazu trugen sie turbanähnlich geknüpfte Kopftücher.

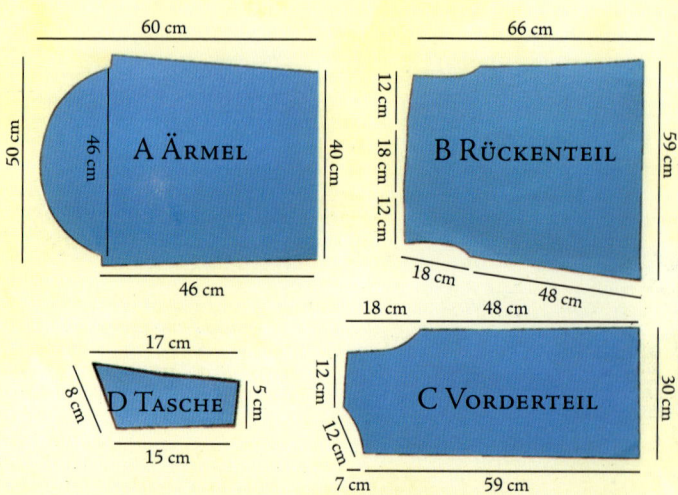

60 cm · A ÄRMEL · 50 cm · 46 cm · 40 cm · 46 cm

66 cm · B RÜCKENTEIL · 12 cm · 18 cm · 12 cm · 59 cm · 18 cm · 48 cm

17 cm · D TASCHE · 8 cm · 5 cm · 15 cm

18 cm · 48 cm · C VORDERTEIL · 12 cm · 12 cm · 30 cm · 7 cm · 59 cm

1 Zeichne die Schnittmusterteile für Ärmel, Rücken- und Vorderteil sowie Taschenklappe auf das Papier. Anschließend schneidest du die Teile aus.

Du brauchst: *dünnes weißes Papier oder Zeitungspapier, Maßband, Bleistift, Schere, roten Filz (1,5 x 1,5 m), roten Faden, Stecknadeln, Nähnadel, Bügeleisen, Schneiderkreide, 5 Messingknöpfe, 2 m Goldborte.*

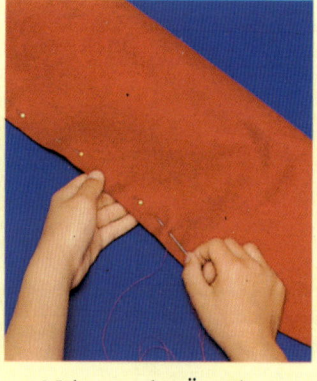

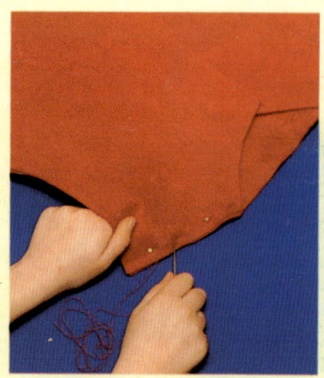

3 Falte einen Ärmel der Länge nach. Stecke die offene Seite vom Handgelenk bis zum Beginn der Rundung für das Armloch zusammen (mit ca. 1 cm Saum).

4 Nähe nun den Ärmel zusammen. Beim zweiten Ärmel gehst du ebenso vor. Dann entfernst du alle Stecknadeln und wendest anschließend die Ärmel.

5 Als Nächstes legst du die zwei Vorderteile so auf das Rückenteil, dass die Armausschnitte aufeinander liegen. Dann fertigst du die Schulternähte.

William Kidd könnte sich so gekleidet haben wie auf dem Bild links. Er genoss als Kaufmann in New York hohes Ansehen, sehnte sich aber zurück nach der Zeit als Freibeuter für die britische Regierung. Deshalb stach er nach 1690 erneut in See. Unglückliche Umstände zwangen ihn, Pirat zu werden.

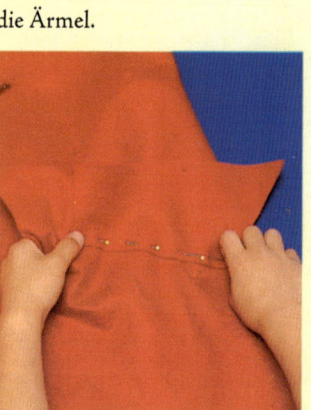

9 Wenn du die Jacke gewendet hast, steckst du die Taschenklappen auf die Vorderteile (siehe Bild) und nähst sie an. Die Naht nach unten bügeln.

10 Markiere mit Schneiderkreide die Stellen für die Knöpfe (ca. 6 cm Abstand voneinander und 1 cm Abstand vom Rand). Nähe dann die Knöpfe an.

1 Falte ein quadratisches Stück Stoff (60 x 60 cm) diagonal zusammen.

2 Lege das zum Dreieck gefaltete Tuch wie ein Kopftuch über den Kopf.

3 Nun führst du die vorderen Enden nach hinten und verknotest sie über der Spitze.

4 Stecke die losen Enden darunter, und fertig ist dein Piratenturban!

2 Nun steckst du Teil B auf den Filz und schneidest es aus. Falte den Rest in der Mitte und stecke dann die Teile A, C und D auf, sodass du je zwei gleiche Teile erhältst.

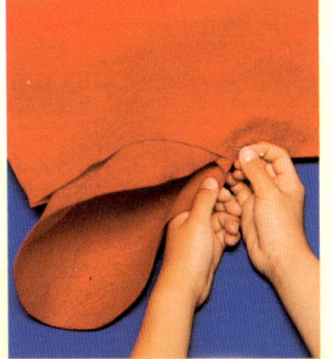

6 Stecke die Vorderteile seitlich bis zum Beginn des Armlochs ans Rückenteil. Dann fertigst du die Nähte (Stecknadeln entfernen nicht vergessen!).

7 Nun schiebst du ganz vorsichtig die fertigen Ärmel durch die Armlöcher, und zwar so, wie es auf dem Bild oben dargestellt ist.

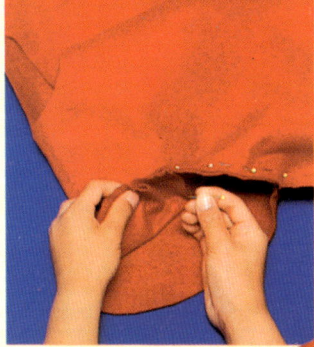

8 Stecke die oberen Teile der Ärmel rund ums Armloch fest. In den über die Schulter verlaufenden Bereichen fältelst du die Ärmel so, dass sie genau ins Armloch passen. Anschließend nähen und Stecknadeln entfernen.

11 Bei der Anprobe schlägst du die Ärmel um, sodass sie die passende Länge haben. Den Umschlag feststecken, nähen und 1 cm vom oberen Rand Borte anbringen.

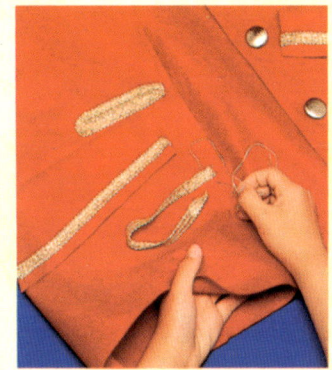

12 Von der Borte schneidest du 5 Stücke à 14 cm ab. Stecke diese, zur Hälfte zusammengelegt, in Höhe der Knöpfe ans zweite Vorderteil und nähe sie an.

Am Ende nähst du noch Borte auf die Taschenklappen. Die Piratenkapitäne des 18. Jh. waren stolz auf ihre prachtvollen Jacken aus kostbaren Stoffen, die sie Schoßröcke nannten. Zu deiner Piratenjacke trägst du am besten eine weite Hose, eine Schärpe um die Taille, ein lockeres weißes Hemd, ein Halstuch und um den Kopf einen „Turban".

Auf hoher See

Bis ins 19. Jh. waren die Lebensbedingungen für alle Seeleute, ob Piraten oder nicht, denkbar schlecht. Auf den Holzschiffen des 17. und 18. Jh. musste die Mannschaft mit wenig Platz vorlieb nehmen. Noch enger ging es auf Piratenschiffen zu, weil oft zusätzlich Männer mitfuhren, die dann die gekaperten Schiffe steuerten. In den Quartieren und Lagerräumen wimmelte es von Ratten. Bei Dunkelheit mussten die Piraten mit schwachem Laternenlicht auskommen, denn offenes Feuer war verboten: Ein einziger Funke hätte den Schießpulvervorrat explodieren lassen. Als Schlafstätten dienten Hängematten oder der blanke Boden. Ihre Notdurft verrichteten die Piraten am Bug in einem Lattenverschlag mit einfachem, zum Wasser hin offenen Plumpsklosett. Bei Verletzungen und Krankheiten war nur eine notdürftige medizinische Versorgung möglich.

▲ GALEERENSKLAVEN

Galeerensklaven wurden ausgepeitscht, und ihre Essensrationen reichten gerade zum Überleben. Wer im 16. und 17. Jh. Sklave auf einem muslimischen oder christlichen Piratenschiff war, fristete ein beklagenswertes Dasein. Es erging ihm nicht besser als den Ruderern auf griechischen Piratengaleeren viele Jahrhunderte zuvor, die ebenfalls bei sengender Hitze auf harten Holzbänken sitzend rudern mussten; Letztere waren zumindest frei.

PROVIANT AUFNEHMEN ▶

Dieses Bild zeigt ein Piratenschiff vor einer Insel. Die Männer füllen Fässer mit Trinkwasser. Außerdem konnten sie, um ihre Fleischvorräte zu ergänzen, Seevögel und Wild jagen oder Riesenschildkröten fangen. Als Kapitän Kidd mit seinen Leuten Ende des 17. Jh. auf den Lakkadiven (heute: Lakshadweep) vor Indien landete, plünderten sie Dörfer der Einheimischen.

◀ SCHLECHTE GESELLSCHAFT

Um sich z.B. während einer Flaute die Zeit zu vertreiben, tranken und spielten die Piraten. Viele von ihnen waren grobschlächtige Burschen mit krimineller Vergangenheit, daher kam es immer wieder zu Schlägereien. 1697 erschlug der schottische Freibeuter William Kidd seinem Kanonier William Moore mit einem Eimer. Etwa zwanzig Jahre später schoss Blackbeard einen seiner Männer namens Israel Hands ins Knie.

◄ SCHMALE KOST

Für lange Fahrten mussten die Lebensmittel durch Pökeln oder Trocknen haltbar gemacht werden. Am Schiffszwieback taten sich außer den Seeleuten auch Kornkäfer und Maden gütlich. Wenn auf hoher See die Vorräte ausgingen, brieten manche Piraten sogar Ratten, um nicht zu verhungern. Da es so gut wie nie frisches Obst und Gemüse gab, litten viele an Skorbut, einer Krankheit, die durch Vitamin-C-Mangel verursacht wird.

▲ FEIERN ZWISCHEN KANONEN

Für ihr Gelage haben die Piraten die schweren Kanonen beiseite gerollt und mit starken Tauen gesichert. Als Tisch hängt eine Platte vom Deckenbalken herab – sie war schnell entfernt, wenn es unerwartet zum Kampf kam. Auch Hängematten aus Tuch, eine südamerikanische Erfindung, waren rasch verstaut; sie wurden ab 1597 auf britischen Schiffen benutzt.

▲ PUTZTAG

Oben ist eine Gruppe Seeleute beim Deckschrubben zu sehen. Diese Arbeit blieb auch den Piraten nicht erspart. Damit ihr Schiff seetüchtig blieb, mussten sie es instand halten. Die Pflichten und Rechte an Bord waren streng geregelt, ob es nun um das Reinigen der Waffen oder um den Anteil an der Beute ging. Die Piraten konnten sogar ihren Kapitän „abwählen".

▲ HARTER ALLTAG

Der harte Arbeitsalltag auf See erforderte Muskelkraft. So mussten z.B. die Kanonen gesäubert werden, die Takelage war immer wieder neu anzuordnen, nach Stürmen oder Kämpfen fielen Reparaturen an, und gerissene Seile mussten ausgebessert werden. Die Piraten arbeiteten in Schichten zu je vier Stunden, wobei sie abwechselnd Aufgaben an Deck nachgingen oder im Krähennest Wache hielten.

Seeräuberschmaus

Wie miserabel das Essen an Bord war, veran-schaulicht der Begriff „junk" (= Abfall): So nannten die Seeleute um 1760 alte Seilstücke, aber auch ihr Pökelfleisch, das wohl kaum besser schmeckte. Getrocknete Erbsen und Schiffszwieback bereicherten die Kost nur wenig. Mit einem kräftigen Schluck Bier oder Wein aus dem Zinnhumpen dürften die wenig schmackhaften Bissen besser gerutscht sein. Dem Piratenkapitän Bartholomew Roberts und seinen Leuten gingen im Jahre 1720 nach 3200 km auf See die Trink-wasservorräte aus. In ihrer Verzweiflung tranken sie Meerwasser und wurden prompt krank.

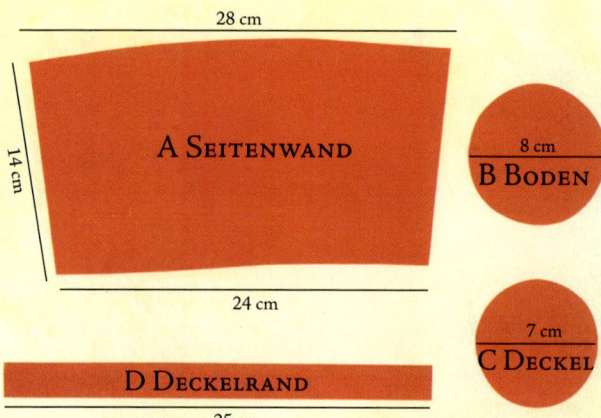

28 cm

14 cm

A SEITENWAND

24 cm

8 cm

B BODEN

7 cm

C DECKEL

2 cm

D DECKELRAND

25 cm

1 Übertrage die Teile für den Humpen mit den oben angegebenen Maßen auf dünnen Karton und schneide sie aus.

Du brauchst: dünnen Karton (30 x 50 cm), Lineal, Bleistift, Schere, selbst haf-tendes Kreppband, Zeitungs-papier, dicken Karton (10 x 10 cm), 1 Tasse Mehl, 1/2 Tasse Wasser, Schüssel, feines Sandpapier, Silberfarbe, Pinsel, ungiftigen Klarlack, Ahle, Metallbüroklammer, Zange.

3 Drehe ein Stück Zeitung zu einer Wurst und befestige sie mit Kreppband am unteren Zylinderrand. Um den oberen Rand kommt eine dünnere Wurst.

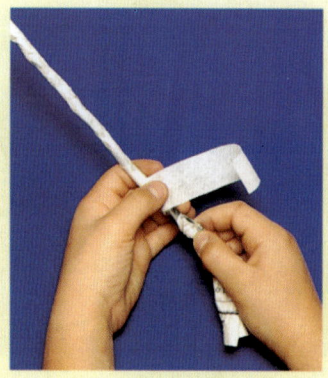

4 Für den Griff drehst du aus Zeitungspapier eine noch dünnere, ca. 23 cm lange Wurst und umwickelst diese fest mit selbst haftendem Kreppband.

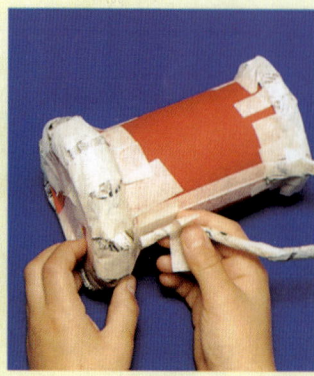

5 Nun formst du den Griff. Das eine Ende wird an den oberen Humpenrand, das andere ca. 3 cm vom unteren Rand entfernt festgeklebt.

Bei Trinkgelagen ging es wüst zu: Die karibischen Bukanier mischten sogar Schießpulver in ihren Rum! Die Pappfiguren oben zeigen Blackbeards Mann-schaft beim Feiern. Sie wurden etwa 100 Jahre nach dem Tod des Piraten für ein Puppentheater angefertigt. Blackbeard wettete gern: Einmal setzte er sich mit drei seiner Leute in eine Kammer voller erstickender Dämpfe. Er hielt es am längsten darin aus.

9 Die Streifen bestreichst du mit der Masse und beklebst damit den Humpen, und zwar drei Lagen dick, sowohl innen wie auch außen.

10 Lass den Humpen trock-nen. Dann glättest du ihn mit Sandpapier, bestreichst ihn mit Silberfarbe und nach erneutem Trocknen mit Lack.

2 Teil A formst du zum Zylinder (unten etwas weiter als oben) und klebst ihn mit Kreppband zu. Teil B kommt als Boden ans untere (weitere) Ende.

SCHIFFSZWIEBACK

Du brauchst: 450 g Vollkornmehl, 1/2 Teel. Salz, Wasser, Schüssel, Gabel, Wellholz, Backblech, Messer.

1 Gib das Mehl mit dem Salz in die Schüssel und füge langsam kaltes Wasser dazu. Knete daraus einem Teig.

2 Den Teig 30 min ruhen lassen, dann ca. 1 cm dick ausrollen, auf ein gefettetes Blech legen und in Quadrate schneiden.

3 Blech in den Ofen schieben (Backzeit: 30 min bei 215 °C). Dann herausnehmen und abkühlen lassen.

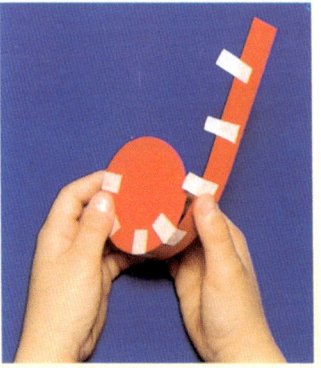

6 Dann wird der Deckelrand D am Deckel C befestigt (siehe Bild). „Polstere" den Deckel mit Zeitungsfetzen (siehe Schritt 7) und klebe sie an.

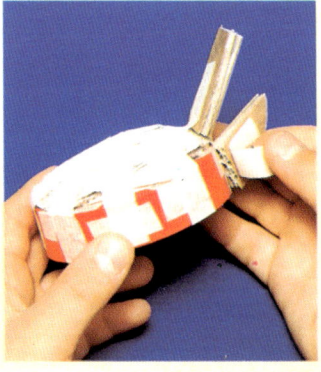

7 Zeichne auf den dicken Karton einen Kreis (4 cm Durchmesser) und schneide 1/4 davon aus, außerdem einen Streifen (4 x 2 cm). Klebe die Teile wie oben gezeigt an den Deckel.

8 Gib nun das Mehl in die Schüssel und füge Wasser dazu, bis die Masse zähflüssig wie Pfannkuchenteig ist. Schmale Zeitungsstreifen abreißen.

Das Ergebnis sieht aus wie ein Original-Zinnhumpen der Piraten. Aus robustem Hartzinn wurden früher viele Alltagsgegenstände hergestellt. Der ungiftige Lack macht deinen Krug zwar wasserdicht, aber da er nun mal aus Karton besteht, ist er nicht so strapazierfähig wie die echten Piratenhumpen.

11 Nun stichst du mit der Ahle ein Loch in die Mitte des Viertelkreises am Deckel. Biege die Büroklammer auf und schiebe sie halb hindurch.

12 Lege den Deckel auf den Humpen, biege mit der Zange die Enden der Büroklammer nach unten und verdrille sie unter dem Griff.

Orientierung

Bis etwa zum Jahr 1000 hatten die Seeleute keine verlässlichen Navigationsinstrumente. Sie richteten sich nach dem Stand von Sonne und Sternen, beobachteten Strömungs- und Wellenmuster oder segelten in Küstennahe, um sich an Landmarken zu orientieren. Dass die Wikinger Nordamerika erreichten, ist allein dem Umstand zu verdanken, dass Stürme ihre Schiffe westwärts trieben. Den Piraten in Asien dienten die Regen bringenden Monsunwinde, die jedes Jahr in die gleiche Richtung wehen, zur Orientierung.

Ab dem 15. Jh. hatten die Seefahrer einfache Instrumente, z.B. den Jakobsstab, mit dem sie den Stand der Gestirne bestimmten und daraus den Breitengrad ihrer Position ermittelten. Die Bestimmung des Längengrades wurde erst durch das Marinechronometer im 18. Jh. möglich. Es zeigte unabhängig von Temperaturänderungen und Schiffsbewegungen die Zeit exakt an; die Seeleute konnten also ausrechnen, wie weit sie seit einer bestimmten Uhrzeit gefahren waren. Die Geschwindigkeit ermittelten sie, indem sie einen Klotz (Log) an einer Leine am Heck ins Wasser warfen und beobachteten, wie schnell die Leine sich abwickelte.

▲ In schwindelnder Höhe

Wenn ein Pirat den Ausguck des Schiffes (Krähennest) erreichen wollte, musste er an den Tauen emporklettern. Für gewöhnlich wählte er die Windseite, sodass der Wind ihn gegen die Webeleine drückte. Oben angekommen, befand er sich ca. 30 m über dem Deck und noch weiter über den schäumenden Wellen.

▲ Weitblick

Mit Fernrohren wie diesem von 1700 konnten die Seefahrer Land sichten, lange bevor es mit bloßem Auge zu erkennen war. Außerdem beobachteten sie Wellen, Wolken und Seevögel, um die Entfernung zum Land abzuschätzen.

◄ Handgezeichnete Karten

Ein Mönch des 14. Jh. misst mit dem Stechzirkel eine Entfernung. Karten wurden damals aufgrund von astronomischen Beobachtungen und Reiseberichten erstellt. Man bewahrte sie in Klosterbibliotheken auf; sie galten meist als zu wertvoll, um auf See mitgenommen zu werden.

Wo ist Norden? ►

Dieser vergoldete Messing-Kompass mit Sonnenuhr hätte wohl so manchem Piratenkapitän gefallen, allerdings als Handelsobjekt! Die Piraten hatten schlichtere Instrumente. Sie kamen mit einer Karte und einem einfachen Magnetkompass aus. Zuverlässige Kompasse für Seefahrer gab es erst ab dem 16. Jh.

▲ In der Ferne

Hier späht ein Seemann auf einem britischen Ostindienfahrer
des frühen 19. Jh. mit dem Fernrohr durch eine Geschützpforte.
Möglicherweise sieht er französische Korsaren, die oft britische
Handelsschiffe auf dem Rückweg vom Fernen Osten überfielen. Zu
der Zeit war das 1608 von dem holländischen Brillenmacher Hans
Lippershey erfundene Fernrohr wesentlich verbessert und zum
unentbehrlichen Instrument auf See geworden.

▲ Sicher über die Meere

Diese um 1525 gefertigte Karte zeigt die Routen, die die Brüder Barbarossa (siehe S. 19) im
Mittelmeer befuhren. Gute Seekarten wie
diese waren selten und daher höchst
willkommen, wenn Piraten sie an Bord eines
gekaperten Schiffes fanden. Im Laufe der
Jahrhunderte wurden die Karten immer ge-
nauer, da man die Küstenlinien exakt vermaß.

◄ Messungen

Ein Seemann ermittelt die Entfernung zwischen Schiff und Land. Mit einem Winkel-
kreuz aus Holz misst er u.a. den Winkel der
Sonne über dem Horizont. Wichtig waren
solche Messungen, wenn es um die Reichweite der Kanonen ging.

Seekarten

Als Gebiet für die Karte auf dieser Doppelseite wurde das Karibische Meer gewählt, eine Brutstätte der Piraterie zwischen 1620 und 1730. Als die Spanier Ende des 15. Jh. erstmals nach Amerika kamen, waren weite Teile der Welt noch nicht kartiert. Man entsandte Expeditionen, die für die Handelsschifffahrt detaillierte Seekarten erstellen sollten. Die damaligen Piratenkapitäne orientierten sich an eigenen Notizen und Zeichnungen von Inseln, Riffen, Küstenlinien und Flussmündungen. Wenn sie ein Schiff mit aktuellen Karten an Bord kaperten, war dies ein ausgesprochener Glücksfall für sie.

1 Schneide das Papier zu einem Rechteck von 35 x 27 cm mit leicht welligen Kanten. Dadurch wirkt die Karte später, als wäre sie wirklich alt.

2 Dann knüllst du das Blatt zusammen. Anschließend breitest du es wieder aus. Auch die Knickspuren tragen zum „echt alten" Aussehen bei.

Du brauchst: *festes Zeichenpapier (ca. 36 x 28 cm), Schere, starken kalten Tee, Pinsel, Bleistift, schwarzer Filzstift (fein), Radiergummi, Farbstifte, Lineal, 2 Deckel (4 bzw. 2 cm Durchmesser).*

4 Anschließend bestreichst du die Ränder nochmals von außen nach innen mit Tee, damit sie etwas dunkler werden. Erneut trocknen lassen.

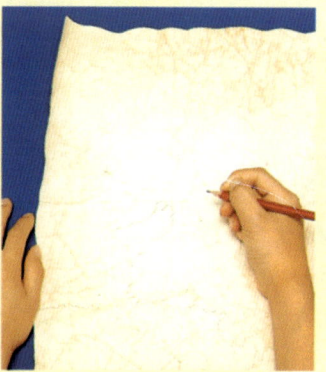

5 Zeichne mit Bleistift die Küstenlinie von der bei Schritt 12 gezeigten Karte ab. Du kannst natürlich auch eine beliebige andere Karte abzeichnen.

6 Nun ziehst du die Küstenlinien sorgfältig mit schwarzem Filzstift nach (Achtung: nichts verwischen!). Radiere dann die Bleistiftlinien aus.

Wenn du möchtest, kannst du eine Bildkarte zeichnen wie diese von der Karibikinsel Puerto Rico, die der französische Entdecker Samuel de Champlain 1599 fertigte. Die Spanier entdeckten die Insel 1493. 1595 wurde sie von den englischen Seefahrern Francis Drake und John Hawkins überfallen, und bis ins 18. Jh. galt sie als Piratennest.

10 Fahre mit dem Bleistift um den 4-cm-Deckel herum und zeichne dann mit dem kleineren Deckel (2 cm) einen inneren Kreis: Das wird der Kompass.

3 Bestreiche das Blatt mit Tee und lass es dann trocknen. Die bräunlich eingefärbte Karte wird später wie altes Pergament aussehen.

Mitte des 17. Jh. standen große Gebiete der Neuen Welt unter spanischer Herrschaft, z.B. Mittelamerika (hier auf einer holländischen Karte von 1650 dargestellt). Aber auch Franzosen, Holländer und Briten wollten Land erobern. Wenn ihre Freibeuter spanische Schiffe kaperten, fanden sie an Bord mitunter Karten mit neu entdeckten Gebieten.

7 Das Land malst du grün, das Meer blau. Stufe den Farbton etwas ab: entlang der Küstenlinie intensiver, zum Land bzw. Meer hin schwächer.

8 Wähle drei markante Punkte, z.B. Landzungen. Zeichne mit Lineal und Bleistift von den Punkten aus Linien zu einer Stelle im Meer (deine Position).

9 Mit Lineal und Bleistift zeichnest du eine Vielzahl gerader Linien durch deine Schiffsposition, ähnlich wie Speichen durch eine Radnabe.

Piraten schätzten Karten besonders dann, wenn darauf sichere Häfen verzeichnet waren. Natürlich mussten sie auch wissen, wo gefährliche Stellen waren. Die Karten wurden sorgfältig aufbewahrt, damit sie nicht feucht wurden und schimmelten.

11 Um den inneren Kreis herum zeichnest du in einer Kontrastfarbe viele schmale Dreiecke (siehe Bild), die entlang der Linien nach außen weisen.

12 Den Kompass kannst du außerdem noch mit vier Pfeilen versehen, ins Meer kannst du einige Delfine zeichnen und an die Küste Schatzkisten.

Schwarz und Rot

Auf den Schiffen der Wikinger wehte mitunter eine Flagge mit den alles sehenden Raben ihres Hauptgottes Odin. Zwischen 1000 und 1500 segelten die Schiffe unter königlicher Flagge oder unter der ihres Heimathafens. Später kamen Nationalflaggen auf. Auch Piraten hatten manchmal eine Nationalflagge gehisst, dies jedoch, um den Feind irrezuführen. Meist hatten sie Flaggen, deren Anblick die Seeleute in Panik versetzte. Rote Flaggen waren in der Frühzeit der Piraterie und auch bei den Barbaresken verbreitet. Die Herkunft des Namens „Jolly Roger" für die Flaggen mit Todessymbolen führen manche auf sie zurück (frz.: joli rouge = schönes Rot), andere wiederum bringen ihn mit „Old Roger" als anderem Namen für den Teufel in Verbindung.

Im 18. Jh. hatten europäische Piratenschiffe fast ausschließlich schwarze Flaggen mit dem Emblem des jeweiligen Kapitäns. Im Südchinesischen Meer fuhr jede Piratenflotte unter ihrer eigenen Flagge mit charakteristischen Farben.

▲ Böse Überraschung

Hier weht die Flagge des Amerikaners Thomas Tew am Mast der Amity. Oft segelten die Piraten unter falscher Flagge und hissten erst kurz vor dem Angriff ihren „Jolly Roger". So machten sie sich den Überraschungseffekt zunutze.

▲ Piratengrab?

Man vermutet, dass Grabsteinmotive den Piratenkapitänen des 18. Jh. als Flaggensymbole dienten. Hier ist ein Grabstein mit Totenschädel und gekreuzten Knochen zu sehen. Er steht auf einem schottischen Inselfriedhof, möglicherweise an der letzten Ruhestätte eines Piraten. Ein weiteres Grabsteinmotiv, das auch auf Piratenflaggen auftaucht, ist das Stundenglas.

◀ Rot wie Blut ▶

Das blutrote Banner des Briten Christopher Moody (1694–1722) zeigt drei Piratensymbole. Das geflügelte Stundenglas bedeutet: Den Überfallenen bleibt nur noch wenig Zeit. Der Arm mit dem Schwert und der Schädel mit Knochen signalisieren die Bereitschaft der Piraten, auf Leben und Tod zu kämpfen.

▲ Drei Schädel

Auf der langen schmalen Flagge des englischen Piraten Christopher Condent prangen gleich drei Totenköpfe. 1719 überfiel er Schiffe auf dem Roten Meer und brachte Seide, Gewürze und Gold an sich. Zu seiner Mannschaft gehörten viele Westafrikaner, die Piraten geworden waren, um nicht als Sklaven zu enden. Condent lebte später auf der Pazifikinsel Réunion, nachdem er beim dortigen Gouverneur einen Gnadenerlass erwirkt hatte. Er heiratete dessen Schwägerin und zog in die bretonische Hafenstadt Saint-Malo.

◄ MIT DEM TOD IM BUNDE

Die erste Flagge von Bartholomew Roberts zeigt ihn selbst, wie er dem Tod zuprostet. Vermutlich fuhr Roberts unter dieser Flagge 1719/20 auf der Royal Rover von der Teufelsinsel (vor Südamerika) nach Neufundland. Als die Gouverneure der Karibikinseln Barbados und Martinique Jagd auf ihn machten, ließ er eine zweite Flagge fertigen, auf der er selbst über ihren Totenschädeln zu sehen ist.

▲ ROTES SKELETT

Vor der amerikanischen Ostküste verbreitete in den 1720er-Jahren das blutrote Skelett auf der Flagge Edward Lows Angst und Schrecken. Low war als englischer Kaufmann zur See gefahren, bevor er sich der Piraterie zuwandte.

GEKREUZTE SCHWERTER ►

John Rackham (Calico Jack), auf dessen Schiff die Piratinnen Anne Bonny und Mary Read fuhren, hatte auf seiner Flagge statt Knochen gekreuzte Schwerter. Rackham entkam immer wieder seinen Häschern. Im November 1720 griff ihn der britische Kapitän Jonathan Barnet an. Im entscheidenden Moment versagte Rackham jedoch und ließ die beiden Frauen kämpfen.

▲ DREIFACH GEFLAGGT

Die hier gezeigte Flagge wehte am Mast des Schiffes des Piraten Edward England, der *Fancy*. England hatte meist drei Flaggen gehisst: eine schwarze mit Schädel und Knochen, eine blutrote ohne Motiv und eine rot-weiße mit dem Sankt-Georgs-Kreuz für England.

▲ LONG BENS BANNER

Einen Totenschädel und gekreuzte Knochen zeigte die Flagge des englischen „Erzpiraten" Henry Avery (Long Ben). Als Avery auf einem britischen Kaperschiff fuhr, wählte ihn die meuternde Mannschaft zum Kapitän. 1695 griff er auf der Piratenrunde das Flaggschiff des Großmoguls an. Trotz seines Ruhms als tollkühner Pirat starb Avery als armer Mann.

BLUTENDES HERZ ►

Die Flagge des Piraten Edward Teach (Blackbeard) war in Virginia, Nord- und Südcarolina und auf den Westindischen Inseln gefürchtet. Sie wehte auf der *Queen Anne's Revenge*, auf der ungefähr 300 Mann fuhren.

▲ TOTENKOPFFLAGGE

Hier ist die romantisierte Darstellung eines Piratenschiffes (19. Jh.) zu sehen. Bei einem echten Piratenschiff wehte der „Jolly Roger" ganz oben am Mast.

Flagge zeigen

Vermutlich fertigten manche Piraten ihre Flaggen selbst; dabei kam ihnen die Erfahrung im Segelflicken zugute. Andere ließen sie anfertigen, z.B. von Segelmachern in Piratenhäfen wie Nassau. Die Flagge wurde mit einer Leine (Fall genannt) am Mast hochgezogen. An den Flaggen sehen die Seeleute an Bord, in welche Richtung der Wind wehte. Andere Mannschaften erkannten daran, woher das betreffende Schiff kam, sofern es nicht – wie die Piraten manchmal – unter falscher Flagge segelte. Überdies dienten die Flaggen zum Signalgeben.

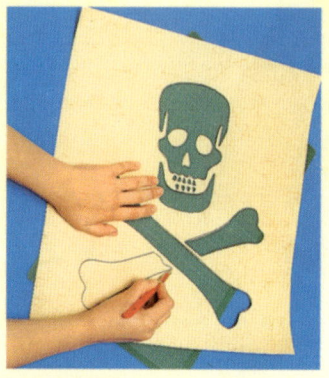

1 Zeichne auf den Karton Totenkopf und Knochen. Lege ihn auf die Unterlage und schneide das Motiv aus. Augen und Nase dürfen nicht verloren gehen.

2 Nun legst du den Stoff auf die Zeitung und darüber die Schablone mit dem Motiv (Augen und Nase ankleben). Dann per Schwamm Stofffarbe aufbringen.

Du brauchst: dünne Karton (A2), Bleistift, Schneideunterlage, Teppichbodenmesser, Baumwollstoff in Schwarz (23 x 68 cm), Zeitungspapier, selbst haftendes Kreppband, weiße Stofffarbe, Schwamm, Stecknadeln, schwarzen Faden, Nadel, Bügeleisen, 35 cm Schnur (Flaggenleine), 3 m Schnur (Mastleine), 2 Knebel, Holzstange (170 cm lang, 3 cm Durchmesser), Acrylfarbe, grober Pinsel, 2 Metallösen mit Gewinde (1 cm Durchmesser).

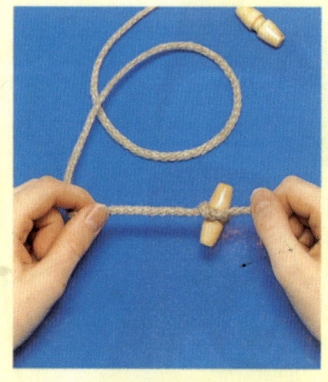

4 Anschließend nimmst du die 35 cm lange Schnur (Flaggenleine). Knote jeweils ca. 2 cm von jedem Schnurende entfernt einen Knebel fest.

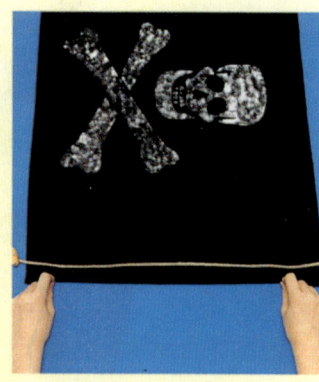

5 Lege die Schnur entlang der ungesäumten Kante (Flagge mit Motiv unten) ca. 2,5 cm vom Rand entfernt (Knebel befinden sich außerhalb des Stoffs).

6 Klappe die Kante über die Schnur und stecke sie fest. Nähe die Schnur oben und unten an die Öffnungen, anschließend fertigst du die Naht.

Links ist Major Stede Bonnet, auf seine Muskete gestützt, vor seinem Schiff zu sehen, an dem die Piratenflagge weht. Bonnet war ein angesehener Pflanzer auf Barbados, bevor er sich der Piraterie zuwandte. 1717 tat er sich mit Blackbeard zusammen, der seine Unerfahrenheit als Pirat ausnutzte und ihn hinterging.

9 Schiebe die gekreuzten Schlingen über einen Knebel und ziehe sie an beiden Enden fest. Führe ein Ende zur anderen Knebel und gehe ebenso vor.

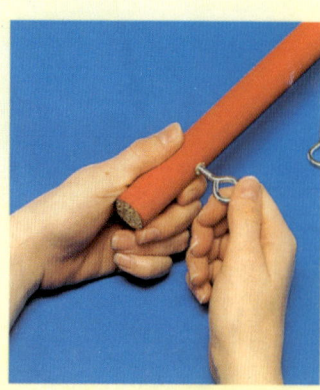

10 Nun wird der Mast gestrichen. Ist die Farbe trocken, schraubst du 25 cm vom einen und 4 cm vom anderen Ende entfernt jeweils eine Öse ein.

3 Ist die Farbe trocken, Schablone entfernen und Flagge mit Motiv nach unten legen. An jeder Kante (außer rechts) einen Saum stecken, nähen, anbügeln.

TODESSYMBOLE

1 Zeichne mit Bleistift ein Oval für den Schädel und darunter in die Mitte ein diagonales Kreuz.

2 Um die Hilfslinien herum zeichnest du den Knochenumriss (an den Enden sind die Knochen dicker).

3 Von dem Oval ausgehend, zeichnest du den Schädelumriss, und zwar in zwei Teilen (siehe unten).

4 Am Ende zeichnest du noch die Höhlen von Augen und Nase sowie die Zähne ein.

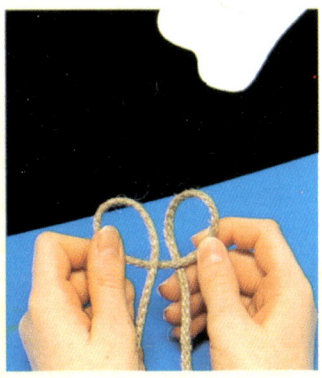

7 Nun legst du in die 3 m lange Schnur zwei Schlingen, wie auf dem Bild gezeigt. Beachte, dass die Schnur einmal vorn und einmal hinten verläuft.

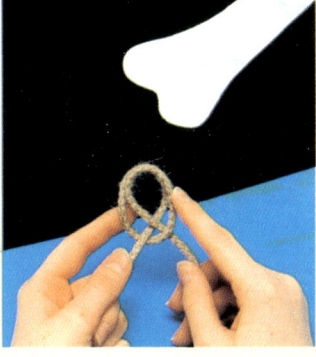

8 Halte die beiden Schlingen fest und lege dann die rechte vor die linke. Die Kreuzungsstelle der beiden Schlingen solltest du gut festhalten.

Deinen Flaggenmast kannst du in einen sandgefüllten Eimer stecken. Oder du platzierst ihn im Vorgarten, um ungebetene Gäste fern zu halten. Indem du die Schnur sanft durch die Öse ziehst, kannst du deinen „Jolly Roger" hissen oder streichen (einholen). Im Piratenhafen New Providence auf den Bahamas fertigte die Witwe eines Segelmachers Piratenflaggen. Pro Flagge verlangte sie eine Flasche Branntwein.

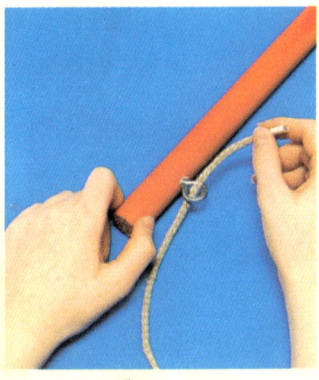

11 Fädle die Mastleine durch die obere Öse und ziehe sie am Mast entlang. Führe sie durch die untere Öse und dann wieder zurück bis zur Mitte.

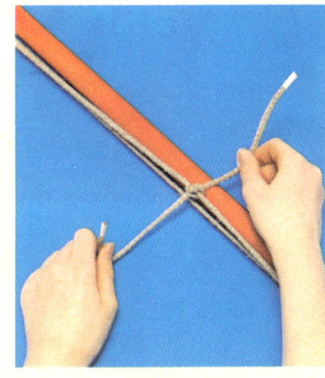

12 Verknote die beiden Schnurenden mit einem Kreuzknoten (siehe S. 30–31, „Nützliche Knoten") und ziehe diesen dann fest an.

Piratenschiffe

Die Piraten nutzten die gleichen Schiffstypen wie Seeleute, die in friedlicher Mission auf den Weltmeeren segelten. In griechischer und römischer Zeit fuhren sie mit Galeeren, die Wikingerpiraten hatten Langschiffe, die Bukanier zunächst Piraguas, eine Art Kanus mit Segeln, und im 18. Jh. Schaluppen. Darüber hinaus gab es die arabischen Dhaus, die chinesischen Dschunken und die malaiischen Galeeren (Prahus).

Bei vielen Piratenschiffen handelte es sich um Prisen, d.h. Schiffe, die die Seeräuber ihren Gegnern abgenommen hatten. Mitunter bauten sie diese um, indem sie z.B. das Schanzkleid erhöhten (so waren sie besser geschützt und konnten Kanonen anbringen).

Auch ein Piratenschiff brauchte regelmäßige Wartung, damit es seetüchtig blieb. Die Mannschaft musste es kielholen, Algen und Seepocken vom Rumpf kratzen und wurmstichige Holzteile ersetzen. Wichtig war auch das Kalfatern, das Ausfugen der Planken.

▲ KLEIN GEGEN GROSS

Ein kleines holländisches Schiff (rechts) umkreist sein Opfer: ein Schatzschiff der Spanier. Die Holländer stellten im 17. Jh. Kaperbriefe aus, die zum Angriff auf spanische Schiffe berechtigten.

◀ MIT MUSKELKRAFT

Die langen, schmalen Schiffe, mit denen die Barbaresken ab dem 16. Jh. fuhren, wurden von ca. 90 Sklaven gerudert (4–6 pro Ruder). Um Tempo zu gewinnen, hisste man bei kräftigem Wind die Segel. Die Barbareskenschiffe wurden hauptsächlich für kürzeren Fahrten eingesetzt.

TOPPSEGELSCHONER ▶

Bei den amerikanischen Kaperkapitänen waren vor allem die kleinen, schnellen und hochseetauglichen Toppsegelschoner beliebt, mit denen sie ab dem frühen 18. Jh. britische Handelsschiffe angriffen. Schoner haben für gewöhnlich zwei Masten und je zwei Haupt- und Vorsegel. Mit einem zusätzlichen viereckigen Rahsegel am Hauptmast ließ sich der Wind von achtern (hinten) besser nutzen.

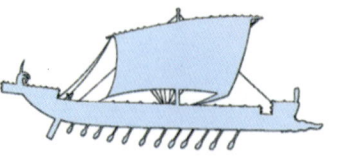

Griechische Piratengaleere, 500 v. Chr.

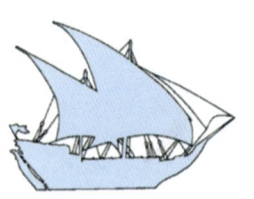

Wikinger-Langschiff, 900

Arabische Dhau, 900

Englische Galeone, 1500

EINE FREGATTE GREIFT AN

1790 rammte eine Fregatte der britischen Marine das Piratenschiff *Liguria*. Nach heftigem Beschuss sahen die Schiffe so aus wie auf dem Bild links: Beide hatten zerschossene Segel. Die schnellen Fregatten wurden mit rund 20 Kanonen bestückt als kleinere Kriegsschiffe eingesetzt wurden. Piraten mieden sie für gewöhnlich und fuhren lieber auf gekaperten Handelsschiffen, mit denen die oft bunt zusammengewürfelte Mannschaft besser zurecht kam.

SCHNELLIGKEIT IST TRUMPF

Wie eine gereizte Wespe umkreist das Piratenschiff einen Ostindienfahrer. Die großen Schiffe, die von England oder Holland aus in den Fernen Osten fuhren, transportierten auf der Rückfahrt wertvolle Fracht: Porzellan, Tee, Seide und Gewürze. Zwischen 1690 und 1756 lauerten ihnen an der indischen Westküste die Maratha-Piraten auf. Nach 1790 mussten sie mit Angriffen französischer Freibeuter rechnen.

AUS DEM OSTEN ▶

Dschunken, die traditionellen chinesischen Segelschiffe mit Holzrumpf, abgeflachtem Bug und hohem Heck, wurden von den Piraten bis in die 1920er-Jahre benutzt. Oft handelte es sich um gekaperte Handelsschiffe. Den europäischen Kriegsschiffen, die Jagd auf sie machten, waren die Dschunken nicht gewachsen. Sie hatten mit Bambusstäben verstärkte Mattensegel, die bei Beschuss leicht Feuer fingen.

Maltesisches Korsarenschiff, 1660

Ostindienfahrer, 1700

Piratenschaluppe, 1780

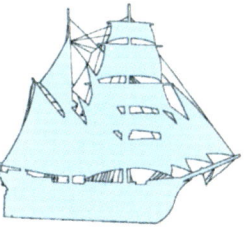

Brigantine, 1800

Nützliche Knoten

Früher waren die Schiffe für gewöhnlich aus Holz und die Segel aus grobem Tuch. Aufgezogen und vor einem Sturm eingeholt wurden sie mit Leinen. Leinen und Seile oder Taue brauchte man auch noch für andere Zwecke, z.B. zum Festmachen des Ankers. Jeder Seemann musste eine Vielzahl von Knoten beherrschen, von denen die drei wichtigsten hier vorgestellt werden. Die Taue bestanden meist aus Flachs- oder Hanffasern. Waren sie nicht in Gebrauch, bewahrte man sie ordentlich zusammengerollt auf. Die Seeleute verstanden sich auch darauf, durch Spleißen zwei Taue zu verbinden oder ein gerissenes zu reparieren. Hierzu nahmen sie einen Marlspieker.

Du brauchst: *zwei Seil stücke (ca. 1 cm Durchmesser, je 0,5–1 m lang). Für den Schotstek nimmst du Seilstücke von unterschiedlicher Farbe.*

Von einem einfachen, aber festen Knoten namens Fischerstek wird dieser schwere Eisenanker von 1768 gehalten. Die ersten Piraten nutzten mit Steinen oder Blei gefüllte Eimer als Anker.

PALSTEK

1 Halte das Seil ziemlich weit oben fest. Mit der anderen Hand führst du das Seilende so, dass eine Schlinge entsteht (siehe Bild).

2 Nun neigst du die Schlinge zu dir hin und hältst die Kreuzungsstelle fest. Mit der anderen Hand führst du das kurze Ende abwärts hindurch.

KREUZKNOTEN

 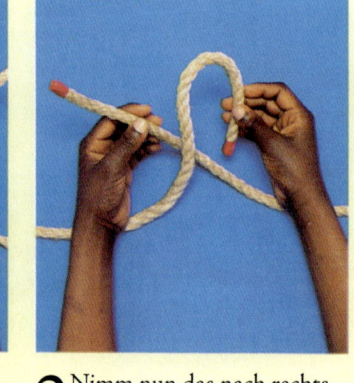 

1 Hierfür nimmst du in jede Hand ein Seilstück. Dann legst du das linke Seilstück so über das rechte, dass die beiden einander kreuzen.

2 Nimm nun das nach rechts weisende Seilstück (die Kreuzungsstelle kannst du eventuell festhalten) und führe es hinter dem linken durch.

3 Führe dasselbe Seilstück nach vorn und aufwärts über das andere. Die Enden sollten oberhalb der „Acht" auf gleicher Höhe sein (siehe Bild).

SCHOTSTEK

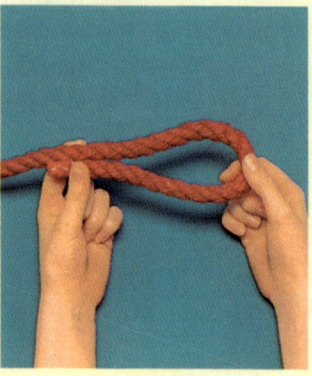  

1 Für diesen Knoten legst du das Ende des farbigen Seils zur Schlinge (wie auf dem Bild gezeigt) und hältst das Schlingenende fest.

2 Anschließend nimmst du das helle Seilstück in die andere Hand und führst es von hinten her durch die Schlinge im farbigen Seil.

3 Während du die Schlinge im farbigen Seil weiter festhältst, führst du das helle Seil dahinter vorbei, dann nach oben und wieder nach vorn.

3 Halte dort fest, wo das kurze Ende unten aus der Schlinge kommt und richte diese gerade. Dann führst du das kurze Ende hinter dem langen vorbei.

4 Führe das kurze Ende nach vorn, wobei noch eine Schlinge entsteht. Du hast nun drei Schlingen. Führe das kurze Ende durch die mittlere abwärts.

5 Das kurze Ende muss neben dem langen liegen. Halte beide fest. Mit der anderen Hand hältst du die Schlinge oben und ziehst dann den Knoten an.

Mit dem Palstek bringt man am Seilende eine Schlinge an. Ist der Knoten korrekt ausgeführt, kann das Seil nicht verrutschen. Der Knoten ist dennoch leicht zu lösen.

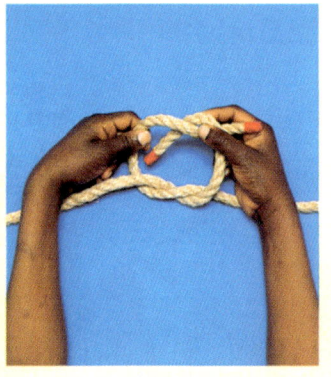

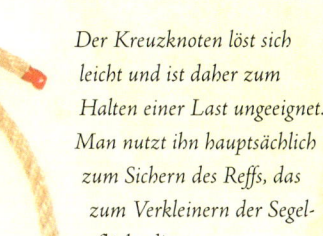

4 Verkreuze das rechte Seilende mit dem linken, indem du es vor und hinter Letzterem entlangführst und dann durch die Mitte aufwärts ziehst.

5 Ziehe gleichzeitig an beiden Enden den Knoten an. Die verschlungenen Bögen sollten sich leicht zusammen und auseinander bewegen lassen.

Der Kreuzknoten löst sich leicht und ist daher zum Halten einer Last ungeeignet. Man nutzt ihn hauptsächlich zum Sichern des Reffs, das zum Verkleinern der Segelfläche dient.

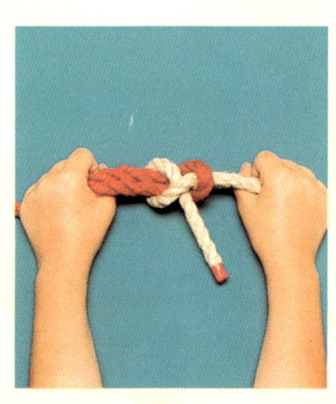

4 Nun führst du das helle Seil unter sich selbst hindurch, und zwar so, wie es auf dem Bild oben dargestellt ist.

5 Halte das helle Seil jenseits vom Knoten fest und mit der anderen Hand das Schlingenende des farbigen Seils. Knoten mit beiden Händen anziehen.

Der Schotstek ist ein sehr fester, haltbarer Knoten zum Verbinden von zwei Seilstücken, selbst wenn sie unterschiedlich dick sind. Die drei hier vorgestellten Knoten werden auch heute noch von Seeleuten verwendet.

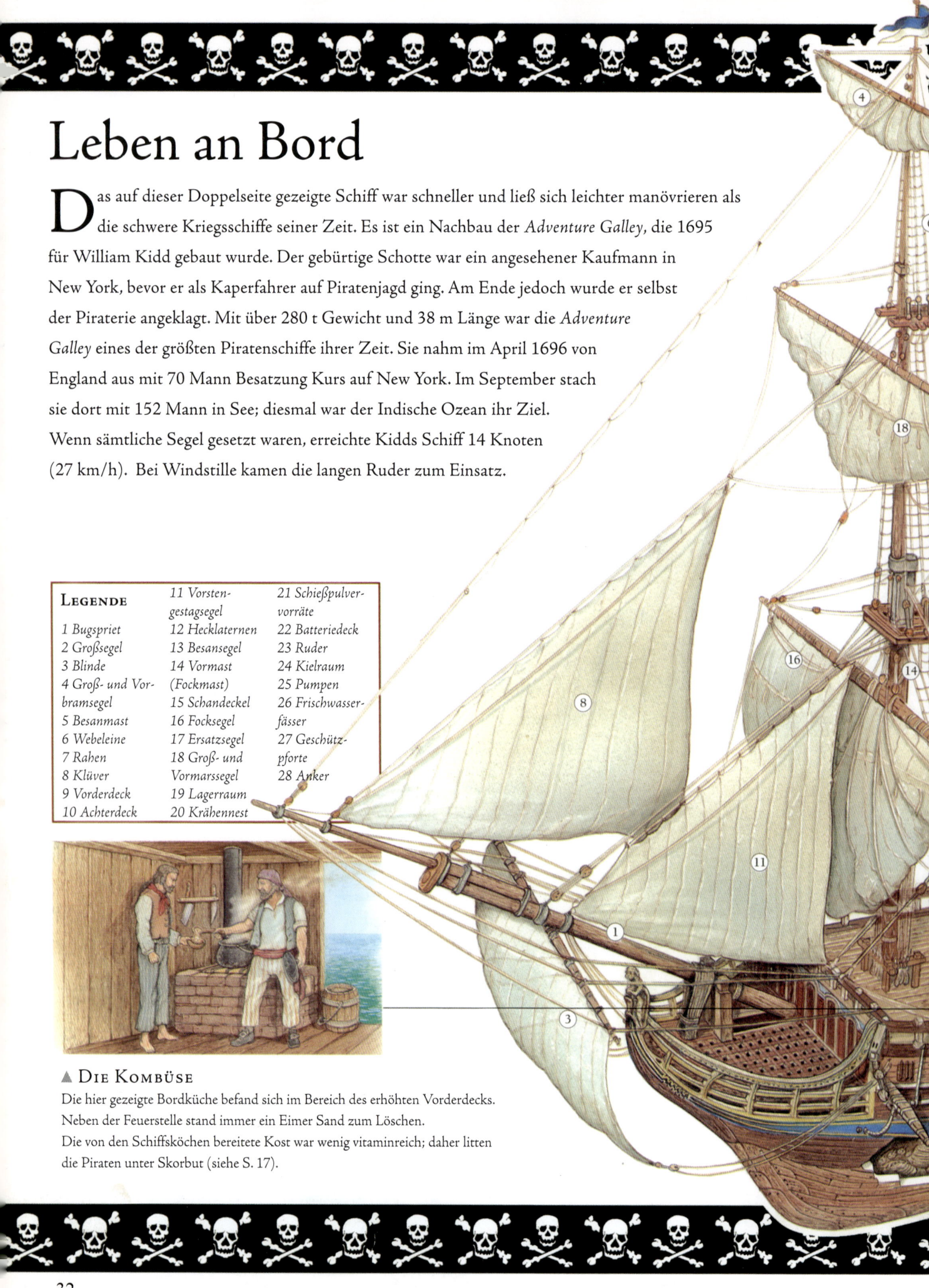

Leben an Bord

Das auf dieser Doppelseite gezeigte Schiff war schneller und ließ sich leichter manövrieren als die schwere Kriegsschiffe seiner Zeit. Es ist ein Nachbau der *Adventure Galley*, die 1695 für William Kidd gebaut wurde. Der gebürtige Schotte war ein angesehener Kaufmann in New York, bevor er als Kaperfahrer auf Piratenjagd ging. Am Ende jedoch wurde er selbst der Piraterie angeklagt. Mit über 280 t Gewicht und 38 m Länge war die *Adventure Galley* eines der größten Piratenschiffe ihrer Zeit. Sie nahm im April 1696 von England aus mit 70 Mann Besatzung Kurs auf New York. Im September stach sie dort mit 152 Mann in See; diesmal war der Indische Ozean ihr Ziel. Wenn sämtliche Segel gesetzt waren, erreichte Kidds Schiff 14 Knoten (27 km/h). Bei Windstille kamen die langen Ruder zum Einsatz.

LEGENDE		
1 Bugspriet	11 Vorstengestagsegel	21 Schießpulvervorräte
2 Großsegel	12 Hecklaternen	22 Batteriedeck
3 Blinde	13 Besansegel	23 Ruder
4 Groß- und Vorbramsegel	14 Vormast (Fockmast)	24 Kielraum
5 Besanmast	15 Schandeckel	25 Pumpen
6 Webeleine	16 Focksegel	26 Frischwasserfässer
7 Rahen	17 Ersatzsegel	27 Geschützpforte
8 Klüver	18 Groß- und Vormarssegel	28 Anker
9 Vorderdeck	19 Lagerraum	
10 Achterdeck	20 Krähennest	

▲ DIE KOMBÜSE
Die hier gezeigte Bordküche befand sich im Bereich des erhöhten Vorderdecks. Neben der Feuerstelle stand immer ein Eimer Sand zum Löschen. Die von den Schiffsköchen bereitete Kost war wenig vitaminreich; daher litten die Piraten unter Skorbut (siehe S. 17).

DAS BATTERIEDECK

Mit jeder der 34 Kanonen auf der *Adventure Galley* konnte man 5,4 kg schwere Kugeln abfeuern. An Bord befanden sich 1000 Kanonenkugeln sowie eine große Menge Schießpulver. Einer solchen Übermacht war kaum ein Gegner gewachsen.

DIE KAPITÄNSKAJÜTE

Die geräumigste Kajüte am Heck war dem Kapitän vorbehalten, der dort aß, den Kurs bestimmte und Befehle erteilte. Seine Navigationsinstrumente hatte er stets in Reichweite, ebenso seine Waffen für den Fall einer Meuterei oder eines plötzlichen Angriffs.

DAS ANKERSPILL

Der schwere Anker ließ sich nur mit Hilfe einer Winde hochziehen. Deren Spaken wurden von Seeleuten im Kreis geschoben – eine Schweiß treibende Arbeit. Damit sie leichter fiel, spielte manchmal ein Pirat dazu auf der Fiedel.

Volle Fahrt voraus!

Als Schaluppe bezeichnete man ab dem 17. Jh. kleinere Segelschiffe, die sich ideal für die Fahrt in Küstengewässern eigneten. Typisch war das lange Bugspriet für die Vorsegel, mit deren Hilfe sich das Schiff leichter manövrieren ließ. Für gewöhnlich hatte die Schaluppe einen Mast, an dem das Großsegel aufgezogen wurde. Wegen des geringen Tiefgangs war sie bei den karibischen Piraten beliebt, die mit ihr problemlos in Lagunen segeln konnten. Es verwundert daher nicht, dass auf Jamaika und den Bermudas im 18. Jh. die besten Schaluppen gebaut wurden.

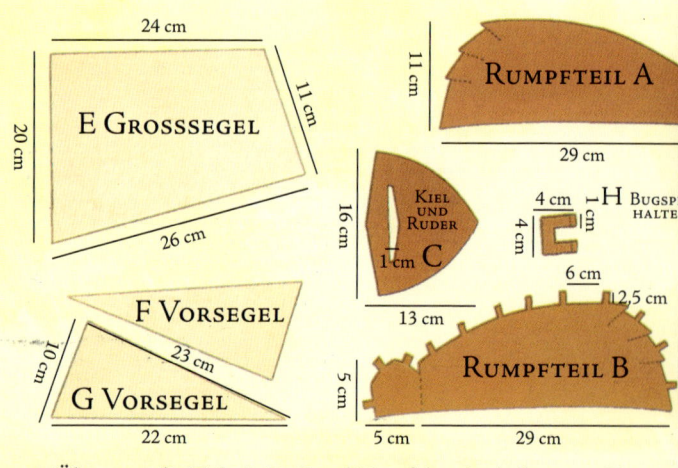

1 Übertrage die Teile A, B, C und H auf den dunkelbraunen Karton, D auf den hellbraunen und die Segelteile E, F und G auf den Baumwollstoff. Dann bohrst du mit der Stricknadel ins Deck D ein Loch für den Mast.

Du brauchst: *dunkelbraunen Karton (A2), hellbraunen Karton (A3), 40 cm² hellen Baumwollstoff, Bleistift, Lineal, Stricknadel, Schere, Papierleim, Klebeband, Acrylfarben, Pinsel, kalten starken Tee, Balsaholz-Stab (1,5 m lang, 2,4 cm Durchmesser, in fünf Stücke von 12 cm, 22 cm, 13 cm, 24 cm und 50 cm Länge geschnitten), festen schwarzen Nähfaden, große Nähnadel.*

5 Nun bestreichst du Teil C mit Leim (nicht die Ränder, siehe Bild). Falte Teil C so zusammen, dass die Bereiche mit Leim aufeinander liegen.

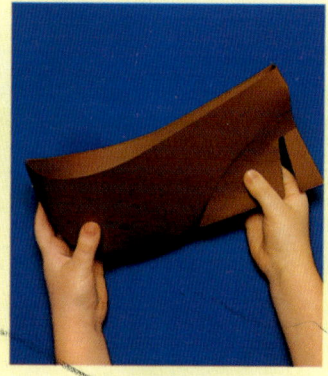

6 Bestreiche anschließend auch die Ränder mit Leim und bringe Teil C (wie auf dem Bild gezeigt) vorsichtig beiderseits am Rumpf an.

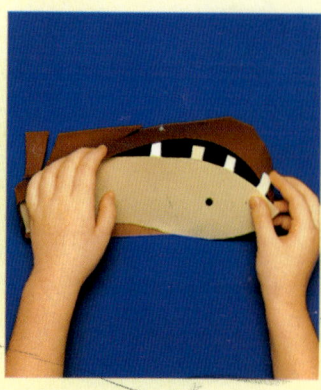

7 Biege die Laschen von Deck D nach unten. Gib außen auf die Laschen etwas Leim und passe dann Teil D von oben in den Rumpf ein.

10 Nähe nun am oberen Rand des Großsegels E den 12 cm langen und am unteren Rand den 22 cm langen Stab mit Überwendlingsstichen fest.

11 Etwa 6 cm vom oberen Ende des 50 cm langen Stabes (= Mast) klebst du den 13 cm langen Stab kreuzförmig an. Letzterer trägt später die Segel.

12 Durchstich mit Nadel und Faden die Vorsegel F und G oben und binde sie fest (siehe Bild). Unten (spitzes Ende) an den 24 cm langen Stab binden.

13 Kerbe die andere Mastseite ca. 14 cm vom unteren Ende entfernt mit der Stricknadel ein. Leim eintupfen und dann den 22 cm langen Stab anbringen.

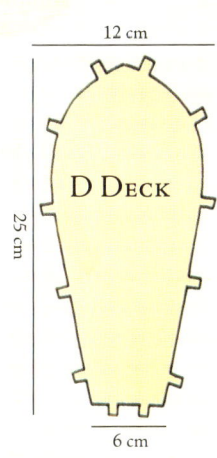

12 cm

D DECK

25 cm

6 cm

Schneide alles außer den Segeln (E, F und G) aus.

2 Nimm Rumpfteil A und schneide 2,5 cm entlang der drei Punktlinien. Biege die Segmente so, dass sie überlappend eine Wölbung bilden; festkleben.

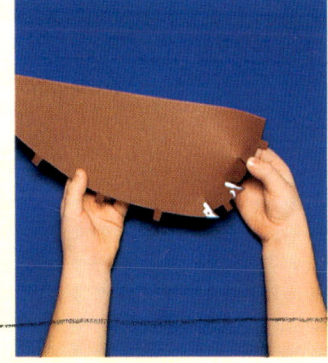

3 Bei Rumpfteil B gehst du ganz genauso vor, biegst aber die Segmente in die andere Richtung und klebst sie anschließend in dieser Stellung fest.

4 Verbinde die Rumpfteile A und B innen mit Klebeband (die Laschen liegen innen). Dann biegst du das Heck so, dass es den Rumpf abschließt.

8 Über das Deck ziehst du dünne braune Linien (= Planken) und am oberen Rumpfrand einen helleren Streifen (Geschützpforten noch aufmalen).

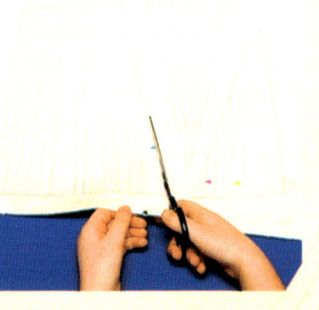
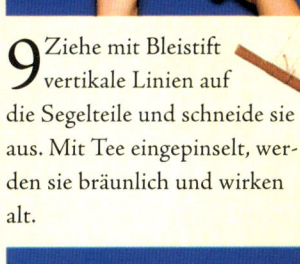

9 Ziehe mit Bleistift vertikale Linien auf die Segelteile und schneide sie aus. Mit Tee eingepinselt, werden sie bräunlich und wirken alt.

14 Ist der Leim trocken, bindest du Großsegel E oben fest. Führe den Faden um den Stab oben am Segel, durchstich den Querstab und verknote den Faden.

15 Nun klebst du den Mast in das Loch im Deck und ein Stück davor den Bugspriet-Halter H. Auf Letzteren legst du den Stab für die Vorsegel.

Schaluppen wurden als Handels- und Kaperschiffe eingesetzt, aber auch von der Marine zur Piratenjagd. Da dein Schiff nicht wasserdicht ist, stellst du es am besten in deinem Zimmer auf.

Angriff auf See

In den Häfen hatten die Piraten ihre Spione, die in Erfahrung brachten, welche Schiffe die wertvollste Ladung transportierten und wann sie wohin segelten. Oft folgten die Piraten der „Beute" tagelang außer Sichtweite, um dann überraschend anzugreifen. Manchmal tarnten sie ihr Schiff als harmloses Frachtschiff, oder sie lauerten hinter einer Landzunge und tauchten plötzlich – wie aus dem Nichts – vor dem Opfer auf. Einige der erfolgreichsten Piratenangriffe waren so tollkühn, dass der Gegner vollkommen überrumpelt war. Im 18. Jh. versetzte der Piratenkapitän Bartholomew Roberts ganze Flotten in Panik, indem er mit Trommelwirbel und Kanonendonner mitten hineinsegelte.

Sobald das Opfer, z.B. ein Handelsschiff, sich in Reichweite der Schleudern oder Bogen und ab dem 15. Jh. der Kanonen befand, wurde es unter Beschuss genommen. War das Schiff lahm gelegt, enterten die Piraten es, und der Nahkampf begann.

▲ **Bereit zum Entern**
Drohend ragt das Heck eines spanischen Schatzschiffes vor dem angreifenden Piratenschiff auf. Letzteres ist so leicht zu steuern, dass die Piraten rasch längsseits an die Galeone heranfahren und sie entern können.

◄ **Rammsporn**
Manche Galeeren der Griechen und Römer hatten einen zum Rammsporn umfunktionierten Bug, der sich in feindliche Schiffe bohrte. Wenn eine Galeere angriff, hielten die Männer am Ruder mit bis zu 15 km/h auf den Gegner zu. Die Seeleute von der griechischen Insel Rhodos bedienten sich eines Tricks: Sie drückten den Bug kurz vor dem Aufprall nach unten, damit er sich möglichst weit unter der Wasserlinie in den Rumpf des Schiffes bohrte.

▲ **Enterhaken**
Dieser Pirat aus dem 18. Jh. schleudert einen Enterhaken. Dessen Widerhaken verfingen sich im Tauwerk; so ließ sich das feindliche Schiff heranziehen. Indem die Piraten fürchterliche Drohungen ausstießen, versuchten sie, ihre Opfer einzuschüchtern. Furcht und Schrecken waren ihre wohl wirksamsten Waffen.

◄ **Nahkampf**
Eine türkische Schiffsmannschaft kämpft gegen griechische Seeräuber (19. Jh.). Lagen die Schiffe erst einmal längsseits, wurden auf den schwankenden Decks erbitterte Zweikämpfe ausgetragen. Auf türkischen Piratenschiffen fuhren oft Berufskämpfer mit – die Janitscharen.

◄ HEIMSPIEL

Vor dem Hafen der griechischen Stadt Patras gehen Galeeren der Barbaresken im Jahre 1751 zum Angriff auf venezianische Schiffe über. Ab dem Mittelalter zählte Venedig zu den bedeutendsten Handelshäfen Italiens. Schiffe, die Venedig ansteuerten oder von dort kamen, wurden immer wieder von Uskoken, Piraten (aus dem heutigen Kroatien) und von Barbaresken überfallen. Letztere beschränkten ihre „Jagdgründe" zumeist auf das Mittelmeer.

▲ TÄUSCHUNGSMANÖVER

Diese Piraten wollen ein amerikanisches Schiff entern. Für ihre Gegner inszenieren sie ein Schauspiel: Während sich etliche bis an die Zähne bewaffnete Seeräuber ducken, machen andere Musik und wieder andere tanzen (z.T. als Frauen verkleidet). Der amerikanische Kapitän sieht durch sein Fernrohr nichts Verdächtiges.

CHINESISCHE TAKTIK ▶

Von ihrer Dschunke aus lassen sich chinesische Piraten in ein Ruderboot hinab, von aus sie das feindliche Schiff entern wollen. Im Boot hatten 20 bewaffnete Piraten Platz, manchmal zusätzlich eine kleinere Kanone. Noch Anfang des 20. Jh. kamen solche Angriffe im Südchinesischen Meer vor, dann bereiteten holländische und britische Kanonenboote mit Dampfantrieb dieser Taktik ein Ende.

Stolze Galionsfiguren

Geschnitzte Figuren prangten schon im Altertum am Bug von Schiffen. Sie sollten Glück bringen und Unglück fern halten. Die Buge der Piratengaleeren in altrömischer Zeit ragten in einem Bogen empor; sie waren kunstvoll gestaltet, bemalt oder vergoldet. Ein riesiges Auge (zur Abwehr des Bösen), ein Siegeskranz, Tiere und menschliche Figuren waren übliche Motive. Der hoch gezogene Bug von Wikinger-Langschiffen lief oft in einem Drachenkopf aus – ein Anblick, der jeden vor Schreck erstarren ließ, wenn solch ein Schiff aus dem Nebel auftauchte.

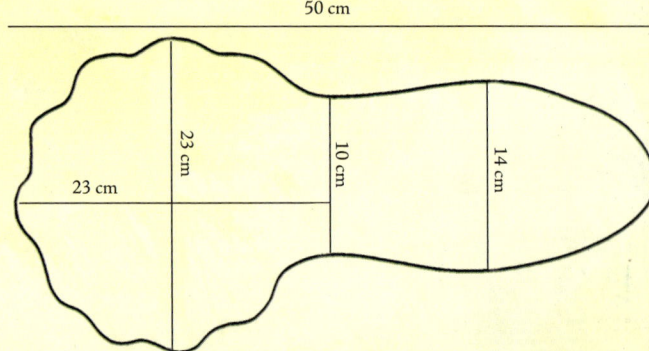

50 cm

23 cm

23 cm

10 cm

14 cm

1 Übertrage den Umriss der Galionsfigur mit den oben angegebenen Maßen auf die Wellpappe.

Du brauchst: *Wellpappe (60 x 30 cm), Bleistift, Lineal, Schere, viel Zeitungspapier, selbst haftendes Kreppband, 1 Tasse Mehl, ca. 1/2 Tasse Wasser, Schüssel, Gabel, feines Sandpapier, Acrylfarben in Rot, Weiß und Schwarz, 2 Pinsel (grob und fein), weißen Karton, Teppichbodenmesser, Leim.*

Für diese Galionsfigur stand Ajax Modell, der legendäre Held der Trojanischen Kriege. Die Figur schmückte den Bug eines mit ? Kanonen bestückten Schiffes des 19. Jh. Die meisten Patrouillenschiffe der Marine hatten ähnlich eindrucksvolle Galionsfiguren.

4 Ist alles mit einer Schicht Papierkugeln bedeckt, bringst du im Gesichts- und Brustbereich weitere an und eine etwa faustgroße Kugel als Nase.

5 Für Unterkiefer, Lippen und Brauen brauchst du feste Papierwürste, für die Pranken zwei dicke Kugeln (siehe Schritt 10). Alles ankleben.

8 Aus Zeitungspapier und Mehlteig formst du zwei Kugeln für die Augen. Lass alles gut trocknen und härten. Anschließend mit Sandpapier glätten.

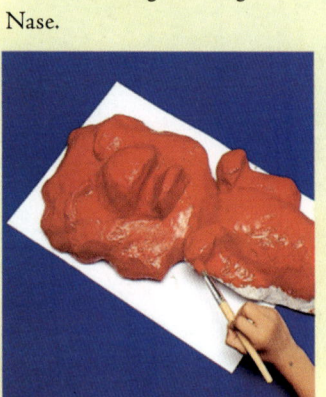

9 Mit dem groben Pinsel bemalst du die Figur vorn und hinten mit einer leuchtenden Farbe (statt Rot kannst du auch Gelb oder Blau nehmen).

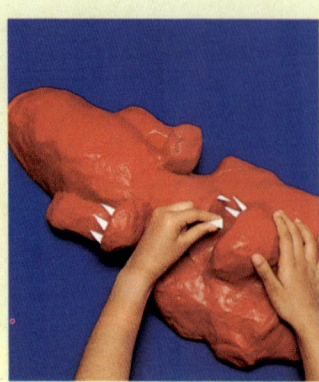

10 Schneide aus weißem Karton Dreieck... Mit dem Teppichbodenm... Pranken und Kiefe... Klauen und Zähne (mi... Leim betupft) einfügen.

2 Nun schneidest du sorgfältig das Muster aus. Das geht wesentlich leichter, wenn du den Rand zwischendurch mehrmals abschneidest (siehe Bild).

3 Als Nächstes knüllst du Zeitungspapier zu festen Kugeln, legst diese dicht an dicht auf die Pappe und klebst sie dann mit Kreppband fest.

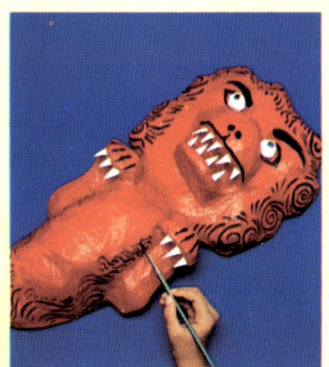

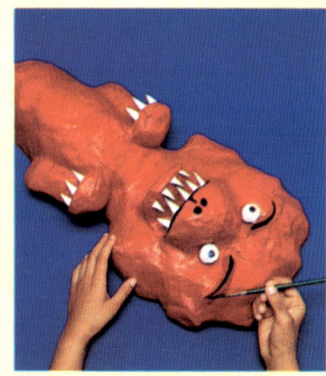

6 Gib das Mehl in die Schüssel und füge unter Rühren langsam Wasser dazu. Du erhältst eine zähflüssige Masse (ähnlich wie Pfannkuchenteig).

7 Nun reißt du viele schmale Zeitungsstreifen ab. Tauche sie in den Teig und beklebe Vorder- und Rückseite der Figur mit jeweils drei Schichten.

11 Die Augäpfel werden weiß bemalt und bekommen schwarze Punkte als Pupillen. Augenlider, Brauen, Nasenlöcher usw. mit Schwarz aufmalen.

12 Du kannst deine Galionsfigur mit schwarzer Farbe weiter verzieren (diesmal mit dem feinen Pinsel), z.B. dem Löwen ein Fell aufmalen.

Rechts ist eine Löwen-Galionsfigur (von etwa 1715) zu sehen, wie sie im 17. und 18. Jh. standardmäßig am Bug kleinerer britischer Kriegsschiffe prangte. Aufwendig gestaltete Einzelstücke wurden nur für sehr große, wichtige Kriegsschiffe gefertigt.

Der Bug altgriechischer und -römischer Galeeren diente bei Angriffen als Rammsporn, um Lecks in gegnerische Schiffe zu schlagen.

Anders als dein grimmiger Löwe waren die echten Galionsfiguren aus bemaltem Holz. Man brachte sie am Vorbau des Bugs (Galion) an.

Küsten in Angst

Die Piraten überfielen nicht nur Schiffe, sondern auch Küstenorte und nahmen oft die Bewohner als Sklaven mit. Bei den Wikingern fuhren manchmal mehrere Mannschaften zusammen die Flüsse hinauf und griffen Städte an. 885 belagerten sie Paris und 1009 zerstörten sie die London Bridge.

1627 geschah es, dass die Einwohner von Reykjavik auf Island von Barbaresken aus Nordafrika überfallen und gefangen genommen wurden. Die Flotte segelte unter dem Kommando des Holländers Jan Jansz, der sich Murad Rais nannte. Er war, wie manch anderer Europäer, zum Feind übergelaufen und kämpfte nun für die muslimischen Seeräuber. Überläufer wie Jansz brachten die Nordafrikaner – zumindest vorübergehend – dazu, dass sie entgegen ihrer Gewohnheit weite Fahrten unternahmen.

Wie auf See gingen die Piraten auch an Land listenreich vor. 1719 gab sich der Waliser Howell Davis beim Kommandanten einer befestigten Niederlassung der Royal African Company in Gambia als rechtschaffener Händler aus Liverpool aus. Während des Mahls überwältigte er den Gastgeber und suchte mit Gold und Elfenbein das Weite.

◤ **BEDROHLICH**

Auf diesem Grabstein sind Wikinger mit Schwertern und Streitäxten zu sehen. Man vermutet, dass sich die Steinmetzarbeit auf ein Ereignis von 793 bezieht. Damals suchten Wikingerpiraten die kleine Insel Lindisfarne vor der Nordostküste Englands heim; sie töteten die dort ansässigen Mönche, plünderten ihr Kloster und steckten es in Brand.

▲ **LANDNAHME**

Hier suchen Wikingerpiraten an der Küste nach einer versteckten Stelle zum Anlegen. Haben sie eine solche entdeckt, gehen sie mit ihrem Langschiff vor Anker und greifen an. Sie wollten neues Siedlungsland erobern. Grüne Hügel lockten sie besonders, denn ein großer Teil ihrer skandinavischen Heimat bestand aus Heide und unwegsamem Berg- oder Waldland.

◄ **NICHT NUR VIEHDIEBE**

Ein Bukanier treibt bei einem Überfall auf der Karibikinsel Hispaniola gestohlene Rinder zusammen. Die Piraten schlachteten die Tiere und verkauften Fleisch und Häute an andere Schiffsmannschaften. Die Bauern hatten allerdings oft mehr als den Verlust ihres Viehs zu beklagen: Viele wurden von den Piraten gefoltert oder gar getötet. Hispaniola (heute: Dominikanische Republik und Haiti) unterstand bis 1697 den Spaniern; ab 1630 gründeten die Bukanier im Westen der Insel ihre Stützpunkte.

◀ BEGEHRTES SILBER

In den 1630er-Jahren transportierten Maulesel Silber aus peruanischen Bergwerken in die Häfen an der südamerikanischen Nordostküste (u.a. Cartagena) zur Verschiffung nach Spanien. Immer wieder wurden damals Städte der Spanier in Südamerika von Freibeutern und Bukaniern heimgesucht.

▲ EIN GANZES HEER

1668 zog Henry Morgan mit einem Bukanierheer vor die kubanische Stadt Puerto del Príncipe (heute: Camaguey). Über 700 schwer bewaffnete Männer kämpften sich den Weg in die Stadt frei. Sie töteten etwa 100 Soldaten und nahmen Geiseln. Die Bewohner wurden in Kirchen eingesperrt, während die Piraten ihre Häuser plünderten. In der Folgezeit beging Morgan zahlreiche weitere Überfälle nach dem gleichen Muster.

◀ MENSCHLICHE FRACHT

Sklavenhandel und Piraterie waren von Beginn an miteinander verflochten. Im 17. und 18. Jh. erlösten die Piraten für Sklaven, die sie von westafrikanischen Stammesoberhäuptern für wenig Geld gekauft hatten, in der Neuen Welt das Zehn- bis Fünfzehnfache. Manchmal nahmen sie auch einfach Westafrikaner gefangen und verfrachteten sie nach Amerika.

Handwaffen

er Piratenkapitän George Lowther legte um 1720 für sein Schiff die Regel fest, dass der Mann, der als Erster das Segel eines anderen Schiffes sichtete, als Lohn die beste Pistole des Gegners erhalten sollte. Handwaffen waren sozusagen die Werkzeuge der Piraten. Ein jeder reinigte sie regelmäßig und achtete darauf, dass sie nicht nass wurden und rosteten – schließlich hing sein Leben davon ab, dass sie zuverlässig funktionierten.

Im Laufe der Jahrhunderte kämpften die Piraten mit den unterschiedlichsten Waffen, z.B. Keulen, Speeren, Dolchen, Schwertern, Pistolen und Musketen. Die Wikinger hatten Streitäxte und die Barbaresken Schwerter aus bestem Stahl. Die Bukanier waren für ihre Treffsicherheit mit Musketen und Steinschlosspistolen bekannt, und die südostasiatischen Piraten kämpften mit Speeren, Blasrohren und Pfeilen sowie mit aufwendig verzierten Schwertern – manche davon mit Menschenhaar am Griff. Im 17. Jh. kam das Entermesser auf und galt bald als unentbehrliche Universalwaffe.

◀ **SCHLACHTER-MESSER?**

Vermutlich geht das Entermesser auf die langen Messer zurück, mit denen die ersten Bukanier Vieh schlachteten. Vor dem Griff hatte es einen Handschutz, und die Klinge war kürzer und breiter als bei einem Schwert. Entermesser und Spieße waren Waffen für die Mannschaft, der Kapitän trug meist ein Prunkschwert.

▲ **ERGIB DICH!**

Bis Ende des 19. Jh. galt das Entermesser als ideale Waffe für den Nahkampf. Es verfing sich nicht so leicht in der Takelage wie das degenähnliche Rapier. Oft genügte schon die Androhung von Gewalt (siehe Bild), und die Seeleute ergaben sich widerstandslos.

◀ **FEUERWAFFEN**

Die Handhabung der Muskete auf einem schwankenden Deck war alles andere als einfach. Nachgeladen wurde mit dem Ladestock, und beim Schießen musste der Lauf auf einer Stütze ruhen. Ende des 17. Jh. wurden rostfreie Musketen mit Messingverzierungen speziell zur Verwendung auf See hergestellt. Auch die Bukanierheere schossen bei ihren Überfällen auf die Städte an der südamerikanischen Nordostküste mit diesen Waffen. Ihre Reichweite betrug durchschnittlich 100 m.

18. Jh.

1743

1740–1745

um 1750

◀ NUR EIN SCHUSS

Zwischen 1730 und 1840 schossen die Piraten mit Steinschloss-pistolen, sobald sie nahe an das gegnerische Schiff herangekommen waren. Mit ihnen konnte man eine einzige Kugel abfeuern, dann musste nachgeladen werden. Oft hatten die Piraten in jeder Hand eine solche Pistole: So konnten sie zwei Schüsse abgeben.

▲ HAUEN UND STECHEN

Wenn chinesische Piraten ein europäisches Schiff überfielen (wie hier einen französischen Dampfer zu Beginn des 20. Jh.), brach Panik an Bord aus. Die Angreifer, die mit Feuer-waffen, Bambusspeeren und Kurzschwertern kämpften, kannten kein Pardon. Erst ab den 1920er-Jahren ging die Piraterie im Südchinesischen Meer stark zurück.

◀ MIT ALLEN MITTELN

1816 stürmten Briten und Holländer im Hafen von Algier ein Schiff der Barbaresken. Im Nahkampf kamen Waffen aller Art zum Einsatz: Entermesser, Spieße und Pistolen (deren Kolben auch als Keulen dienten).

Bereit zum Entern

Im Laufe der Jahrhunderte hatten die Seeräuber unterschiedliche Schwerter. Die der altgriechischen Piraten dürften ca. 60 cm lange blattförmige Klingen gehabt haben (kopis genannt). Die Römer benutzten ein kurzes Schwert (gladius). Die Schwerter der Wikinger wiederum waren lang und hatten Doppelklingen. Die im 16. Jh. aufkommenden Rapiere waren für den Nahkampf an Bord weniger geeignet; hierfür setzte man ab dem 17. Jh. hauptsächlich Entermesser ein. Die Barbareskenschwerter schließlich waren aus besonders hartem Stahl.

Du brauchst: 2 Stücke festen Karton (je 45 x 5 cm), Bleistift, Schere, Leim, Zeitung, selbst haftendes Kreppband, 1 Stück festen Karton (30 x 10 cm), 1 Tasse Mehl, ca. 1/2 Tasse Wasser, Schüssel, Gabel, feines Sandpapier, Acrylfarbe in Braun und Silber, zwei Pinsel (2,5 cm), schwarzer Filzstift, Lineal, Holzlack.

1 Lege eines der langen Kartonstücke flach vor dich hin. Zeichne mit Bleistift sauber die Form der Klinge auf den Karton (siehe Bild).

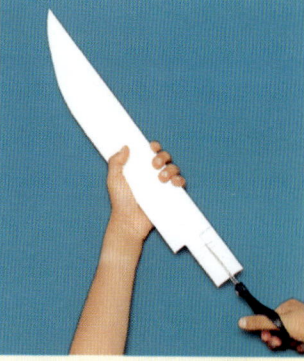

2 Nun schneidest du die Klinge aus und nimmst sie als Muster für das zweite Teil. Mit dem Bleistift an der Form entlangfahren, dann ausschneiden.

5 Nun nimmst du das dritte Stück Karton (30 x 10 cm). Zeichne darauf die Form des Handschutzes und schneide auch dieses Teil sorgfältig aus.

6 Halte das schmale Ende fest. Mit der anderen Hand schneidest du in den blattförmigen Teil einen Schlitz (bis ca. 2,5 cm vor die Verengung).

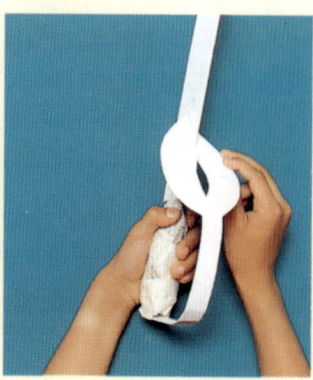

7 Das schmale Ende klebst du am Heft fest (siehe Bild). Den vorderen Teil legst du nahe am Heft so um die Klinge, dass er den Handschutz bildet.

Nicht nur auf See kämpften die Piraten, sondern auch auf Theaterbühnen und später in Filmen. Die zwei Pappfiguren links (19. Jh.), die sich mit Entermessern zu Leibe rücken, sollen Blackbeard und Prinz Abdullah darstellen.

12 Trage je zwei Schichten Farbe auf die Klinge und den Griff mit Handschutz auf. Zwischendurch musst du die Farbe natürlich trocknen lassen.

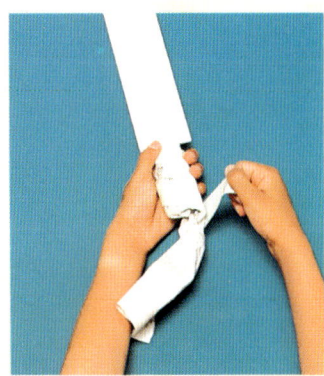

3 Klebe die beiden Klingenteile deckungsgleich aufeinander. Durch die doppelte Kartonlage wird die Klinge deines Entermessers stabiler.

4 Falte dicke Zeitungsstreifen und lege sie um das Heft, bis der Griff ausreichend dick ist. Dann mit selbst haftendem Kreppband umwickeln.

Auf diesem Bild kämpfen der britische Leutnant John Turner und seine Leute mit Entermessern gegen chinesische Piraten, von denen es auf den Inseln um den Hafen von Kanton und auf den Flüssen im Hinterland zu Beginn des 19. Jh. regelrecht wimmelte. Entermesser waren noch 200 Jahre nach ihrem Aufkommen in Gebrauch.

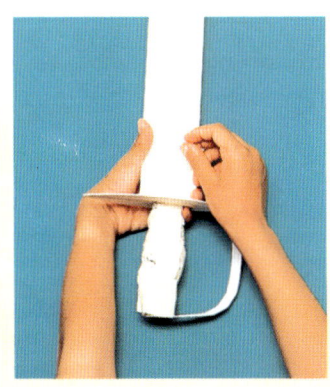

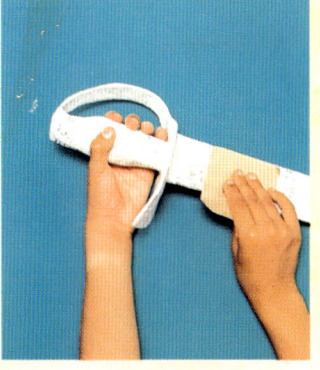

8 Wenn das Oval flach am Heft anliegt, klebst du mit Kreppband den überstehenden Schlitz ab und den Handschutz an die Klinge (sonst verrutscht er).

9 Gib nun das Mehl in die Schüssel und füge langsam unter Rühren Wasser dazu, bis du eine Masse hast, die so zähflüssig ist wie Pfannkuchenteig

10 Reiße kurze Zeitungsstreifen, bestreiche sie mit Mehlteig und klebe sie in drei Lagen auf das Entermesser.

11 Nun lässt du das Entermesser einige Stunden trocknen. Anschließend glättest du es mit Sandpapier.

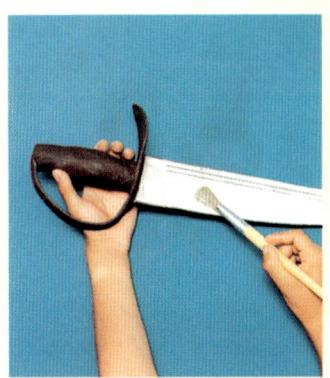

13 Wenn die letzte Schicht Farbe vollkommen trocken ist, kannst du mit Lineal und schwarzem Filzstift noch einige Details anbringen (siehe Bild).

14 Am Ende trägst du mit einem sauberen Pinsel eine Lackschicht auf. Sie schützt dein Entermesser und lässt es in der Sonne gefährlich blitzen.

Bei den echten Entermessern, wie sie Piraten und andere Seeleute ab dem 17. Jh. benutzten, war die Klinge aus Stahl und der Griff aus Messing oder Eisen. Damit das Metall nicht rostete, fetteten die Piraten es regelmäßig ein.

Feuer und Rauch

W enn Piraten angriffen, wollten sie das feindliche Schiff lahm legen und plündern, es aber nicht sofort zerstören. In der Antike schoss man Brandpfeile in die Takelage des Gegners. Das Schießpulver (aus Salpeter, Schwefel und Holzkohle) wurde nach 800 in China erfunden. Bei den Arabern war es ab dem 13. Jh. als „chinesischer Schnee" bekannt. Effektiv als Munition zu verwenden war es aber erst, als man ab dem 14. Jh. ausreichend stabile Geschützrohre aus Bronze oder Eisen hatte, die der Sprengkraft standhielten. Ab dem frühen 16. Jh. waren Kriegsschiffe standardmäßig mit Kanonen ausgerüstet. Beim Hantieren mit Schießpulver kam es immer wieder zu Unfällen, vor allem, wenn die Seeleute betrunken waren. Von den Bukaniern erzählt man sich, sie hätten Schießpulver in ihren Rum gestreut und diese Mixtur getrunken! Auf der Oxford, dem Schiff des Piraten Henry Morgan, explodierte 1699 das Pulvermagazin: Über 200 Bukanier kamen dabei um.

Die Piraten des 18. Jh. fertigten Handgranaten (Holz- oder Eisentöpfe mit Sprengstofffüllung). Sie bepackten sogar ganze Schiffe mit Schießpulver und ließen sie mit brennender Lunte auf den Gegner zutreiben: Solche Schiffe nannte man Branderschiffe.

▲ FLAMMENWERFER

Zwischen 671 und 900 setzten die Piraten im Mittelmeer eine schreckliche Waffe ein: das griechische Feuer, eine explosive Mischung aus Schwefel, Ätzkalk und einer leicht entzündlichen petroleumähnlichen Flüssigkeit. Die brennende Substanz wurde aus am Schiff montierten Flammenwerfern geschleudert und verursachte schlimme Verletzungen. Vermutlich wurde die Waffe erstmals in Byzanz (heute: Istanbul) eingesetzt.

▲ KUGELN, GROSS UND KLEIN

Kanonenkugeln und die kleineren Musketenkugeln waren meist aus Eisen gegossen. Sie wurden durch explodierendes Schießpulver aus dem Kanonenrohr oder dem Musketenlauf ausgetrieben. Aus Kanonen feuerte man mitunter auch Kartätschen (Geschosse, die kleinere Kugeln enthielten).

MIT VEREINTEN KRÄFTEN ▶

Holländer und Engländer gingen gemeinsam gegen die Barbaresken im Mittelmeer vor. Nach der dramatischen Seeschlacht vor Algier 1816 (siehe Bild) wurden über 1000 christliche Sklaven befreit. Die Piraterie – so gab man bekannt – sei am Ende, und viele Piratenschiffe wurden zerstört

▲ ANGRIFF ZU LANDE

Der Kanonendonner war weithin zu
hören, als die Holländer unter Pieter
van der Deks 1599 auf den Kana-
rischen Inseln einfielen. Wenn ein
Piratenschiff einen Küstenort angriff,
musste die Mannschaft darauf gefasst
sein, dass an Land mächtigere Kanonen
eingesetzt wurden als auf See. Die
spanischen Galeonen hatten zwar
Kanonen mit 400 m Reichweite, die
der Piratenschiffe jedoch wesentlich
weniger.

AVERYS KANONE ▶

Hier ist Henry Avery am Schauplatz
seines größten Sieges zu sehen. 1695
kämpfte er vor Bombay gegen die Flotte
des Großmoguls und kaperte zwei
Schiffe. Sein eigenes Schiff, die Fancy,
war mit 46 Kanonen bestückt, das indische Schatzschiff Gang-i-Sawai mit 62.
Avery hatte seine Leute angewiesen, die
Takelage der Gegner zu beschießen.

◀ VERFOLGUNG

Mitte des 19. Jh. hatte das vermehrte
Interesse der Europäer an Südostasien
zu einem Anwachsen der Handelstätig-
keit und der Schifffahrt geführt. Dies
bedeutete reiche Beute für die dortigen
Piraten, die Dajak. Die Briten gingen
gegen deren Stützpunkte und Flotten
vor, u.a. mit dem Marineschiff Dido,
das 1843 im Auftrag von James Brooke,
seines Zeichens britischer Gouverneur
der Provinz Sarawak, vor der Nordküste
Borneos patrouillierte. Um den Piraten
flussaufwärts folgen zu können, stiegen
die Briten in Prahus um (siehe S. 28).
Die Piraten setzten Drehbassen (kleinere
Kanonen) ein, kamen jedoch gegen die
Übermacht der Europäer nicht an.

Kanone im Anschlag

Eine Kanone abzufeuern, war gefährlich und erforderte die Muskelkraft von bis zu sechs Männern. Sie mussten die schwere Kanone auf einem zweirädrigen Gerüst in die Geschützpforte schieben und darauf achten, dass sie gut mit Tauen gesichert war. Ansonsten hätte der Rückstoß beim Schuss das tonnenschwere Geschütz nach hinten geschleudert. Als im 14. Jh. in Europa Kanonen aus Eisen aufkamen, nahm die Entwicklung einen raschen Lauf: Im 16. Jh. waren viele Schiffe, auch die der Piraten, mit Kanonen bestückt, und die Besatzung im Umgang damit geübt.

Du brauchst: *festen Karton (30 x 30 cm), dünnen Karton (15 x 15 cm), Bleistift, Lineal, Schere, Holzleim, Pinsel (grob und fein), rote und schwarze Farbe, Zirkel, Wellpappe (12,5 x 2 cm), selbst haftendes Kreppband, 2 Pappröhre (ca. 13 cm lang, 4 cm und 3 cm Durchmesser), selbst härtenden Ton, Ahle, Holzstab (9 cm lang, 1/2 cm Durchmesser), Schaschlikspieß aus Holz.*

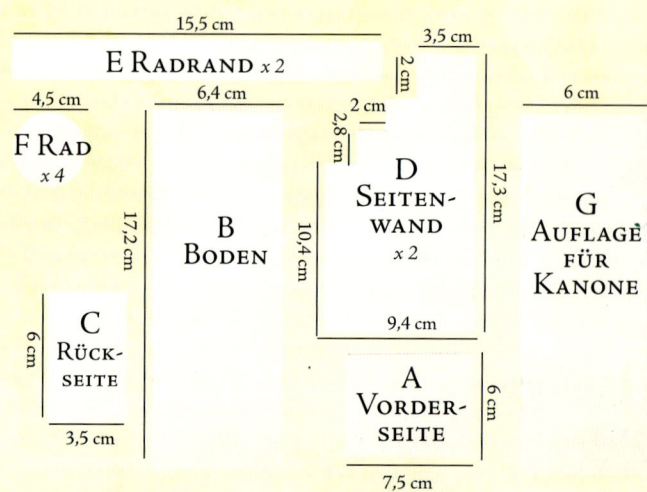

E RADRAND x 2 — 15,5 cm
F RAD x 4 — 4,5 cm
B BODEN — 6,4 cm, 17,2 cm
C RÜCKSEITE — 6 cm, 3,5 cm
D SEITENWAND x 2 — 2 cm, 2 cm, 2,8 cm, 10,4 cm, 9,4 cm
A VORDERSEITE — 7,5 cm
G AUFLAGE FÜR KANONE — 3,5 cm, 6 cm, 17,3 cm
6 cm

1 Übertrage alle Teile mit den oben angegebenen Maßen auf den festen Karton, außer E und F (die Radteile); Letztere zeichnest du auf den dünnen Karton. Dann alles ausschneiden.

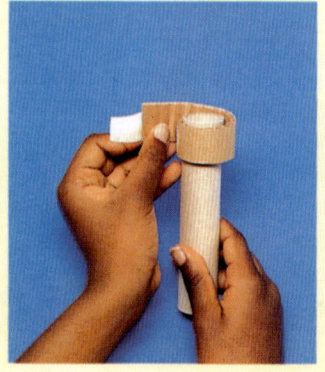

6 Wickle um ein Ende der schmaleren Pappröhre den Streifen aus Wellpappe. Das Endstück klebst du mit selbst haftendem Kreppband an.

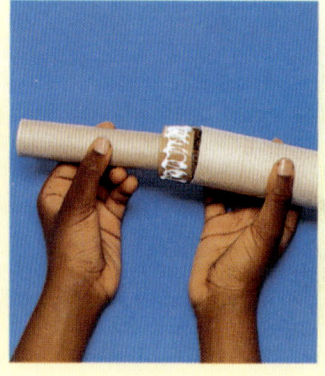

7 Die Manschette aus Wellpappe bestreichst du mit Leim und schiebst dann die schmalere Röhre (Kanonenrohr) vorsichtig ein Stück in die weitere.

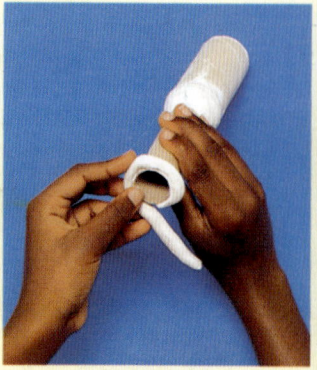

8 Die Verbindungsstelle zwischen den Röhren glättest du mit Ton. Um die Rohrmündung kommt eine dünne Tonwurst. Beides trocknen lassen.

An Bord waren die Kanonen oft auf fahrbare Holzgerüste montiert (Lafetten), so auch dieser 32-Pfünder (18. Jh.). Das Kanonenrohr wurde von vorn mit Schießpulver und Kugel geladen. Dann zündete der Kanonier das Pulver mit einer Lunte, und der Schuss löste sich mit lautem Donner. Wenn eine Kanonenkugel in Rumpf oder Deck des gegnerischen Schiffes schlug, flogen große Holzsplitter in alle Richtungen. Diese verursachten schlimme Verletzungen.

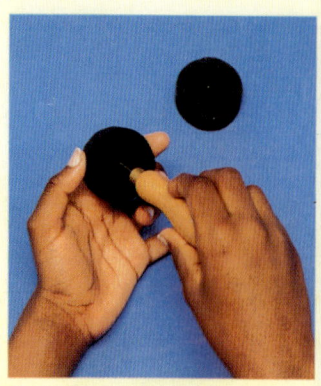

11 Mit der Ahle durchstichst du die beiden Räder jeweils genau in der Mitte. Sei hierbei ganz vorsichtig: Die Räder brechen sehr leicht ein.

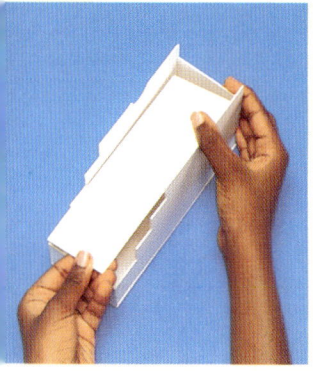

2 Verbinde die Teile D sowie A und C mit dem Boden B zur „Schachtel". Füge Teil G so ein wie auf dem Bild gezeigt. Klebestellen trocknen lassen.

3 Mit dem groben Pinsel malst du die Lafette rot (ein oder zwei Schichten). Die erste Schichte vor dem Aufbringen der zweiten trocknen lassen.

4 Für die Räder machst du mit dem Zirkel vier Kreise (4,5 cm Durchmesser) auf den dünnen Karton und schneidest sie anschließend sauber aus.

5 Nun klebst die Streifen E um zwei der Kreise. Die beiden anderen Kreise bilden den Abschluss der trommelähnlichen Räder. Male sie schwarz an.

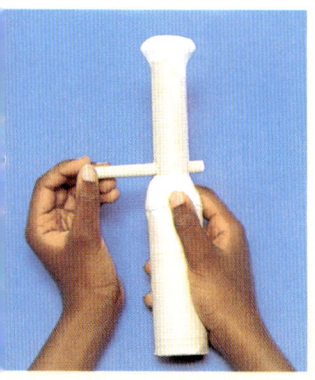

9 Mit der Ahle durchstichst du die schmalere Röhre. Mit dem Pinselstiel erweitern, dann den Holzstab durchstecken und mit Leim fixieren.

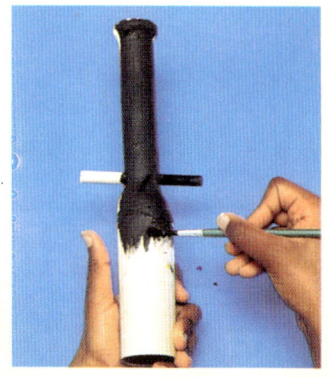

10 Nimm den groben Pinsel und bestreiche die Kanone mit Stab (= Aufhängung) mit zwei Schichten schwarzer Farbe; zwischendurch trocknen lassen.

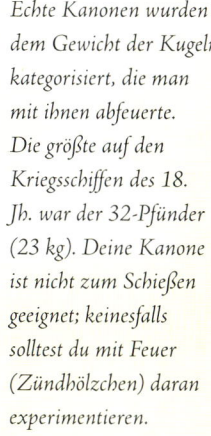

Echte Kanonen wurden nach dem Gewicht der Kugeln kategorisiert, die man mit ihnen abfeuerte. Die größte auf den Kriegsschiffen des 18. Jh. war der 32-Pfünder (23 kg). Deine Kanone ist nicht zum Schießen geeignet; keinesfalls solltest du mit Feuer (Zündhölzchen) daran experimentieren.

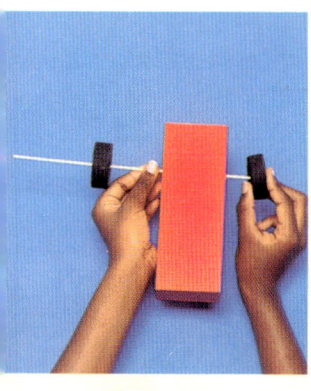

12 Nun durchstichst du die Lafette im vorderen Bereich unten mit dem Schaschlikspieß und bringst dann an dieser Achse die beiden Räder an.

13 Schneide den Spieß so ab, dass noch 0,7 cm aus den Rädern hervorstehen. Darauf eine Tonkugel stecken, damit nichts mehr verrutschen kann.

Piratenschätze

Den Piraten aller Zeiten ging es darum, leicht zu transportierende Wertgegenstände an sich zu bringen, die sich gut verkaufen ließen. Am begehrtesten waren Gold, Silber und Edelsteine, sei es in Form von Barren, Münzen, Schmuck oder aus Kirchen gestohlenen Kreuzen. Die Wikinger raubten sogar Kirchenglocken und schmolzen sie ein. Aufwendig bestickte Stoffe oder Seide und Elfenbein waren ebenfalls beliebt. Sam Bellamys Schiff Whydah, das 1717 vor der nordamerikanischen Ostküste Schiffbruch erlitt, wurde 1983 entdeckt: Im Wrack fand man Achterstücke (spanische Münzen), Goldbarren und Schmuck aus Westafrika. Auch für den täglichen Bedarf fanden die Piraten manches: gesalzenen Fisch, Felle, Färbemittel, Tabak, Gewürze oder Zuckerhüte. An Massenfracht lag ihnen weniger, denn diese mussten sie mühsam umladen, und sie war schwierig zu verkaufen.

Da es den Piraten immer an irgendetwas mangelte, plünderten sie die überfallenen Schiffe komplett und nahmen Waffen, Seekarten, Navigationsinstrumente, Flaggen, Werkzeug, Segeltuch, Taue usw. an sich.

▲ WIKINGERSCHATZ

An diesen erbeuteten Schmuckstücken und Münzen wird erkennbar, wie weit die Wikinger herumkamen. Ein Teil stammt aus dem Gebiet der Angelsachsen und Franken in Nordeuropa, es sind aber auch Stücke aus Byzanz (heute: Istanbul) und Bagdad darunter. Der Schatz wurde vermutlich um 860 in Norwegen vergraben.

◄ DAS GOLD DER INKA

Im 16. Jh. eroberten die Spanier weite Gebiete Mittel- und Südamerikas und brachten Schätze aus Tempeln und Palästen der Inka und Azteken, zweier hoch entwickelter Kulturen, an sich (u.a. massive Goldfiguren, links). Viele Einheimische mussten auf Geheiß der Spanier in den Silberbergwerken der Anden arbeiten. Was die Spanier erbeuteten, wurde auf Schatzschiffe nach Europa verfrachtet. Etliche fielen unterwegs Piraten in die Hände.

PLÜNDERNDE BARBARESKEN ▶

Die Piraten von der Berberküste überfielen des Öfteren Schatzschiffe, obwohl es ihnen in erster Linie um christliche Sklaven ging. Schiffe aus Venedig, Genua oder Spanien hatten oft wertvolle Fracht an Bord. Münzen und kostbare Gegenstände aller Art wurden damals per Schiff in Kisten transportiert.

◢ TATSACHE ODER LEGENDE?

Ob die Piraten ihre Schätze wirklich vergruben, ist fraglich. Geschichten darüber gab es zuhauf, und mancher Pirat mag tatsächlich seinen illegal erworbenen Besitz vergraben haben. Allerdings hat man kaum je Seeräuberbeute gefunden, dafür aber Schätze, die aus Furcht vor Piratenüberfällen vergraben worden waren, z.B. von Mönchen oder Kaufleuten. Die Piraten verkauften ihre Beute meist rasch weiter. Kirchenschätze aus Gold oder Silber schmolzen sie in leichter verkäufliche Barren um.

◢ ARZNEIKISTE

Medikamente waren insofern Schätze, als das Überleben der Piraten davon abhängen konnte. 1718 drohte der berüchtigte Blackbeard, mehrere Geiseln zu töten und den Hafen von Charleston in die Luft zu sprengen, falls ihm nicht sofort eine Arzneikiste an Bord seines Schiffes gebracht würde. Wie gewöhnlich, hatte er mit seiner Taktik Erfolg.

◢ ÜBERRASCHENDER FUND

1927 entdeckte man in einer Kirche in der mittelamerikanischen Stadt Panama einen Gold- und Silberschatz. Ob ihn Priester oder Bürger der Stadt versteckt hatten, ließ sich nicht klären. Man vermutet, dass er von 1671 stammt; damals überfiel der aus Wales gebürtige Pirat Henry Morgan die Stadt. Auf 175 Maultieren ließ er Gold- und Silbermünzen, Schmuck, Edelsteine, Seide und Gewürze aus Panama heraustransportieren.

◢ GERECHT GETEILT

Um 1720 betrogen die Piraten einander so häufig, dass vor jeder Fahrt Regeln aufgestellt wurden, an die sich jeder zu halten hatte. Der Piratenkapitän George Lowther und seine Leute vereinbarten, die Beute so untereinander aufzuteilen, dass gewöhnliche Piraten einen Anteil bekamen, der Kapitän zwei, der Quartermeister eineinhalb, der Schiffsarzt, der erste Maat, der Kanonier und der Bootsmann je eineinviertel.

Des toten Mannes Kiste

Fünfzehn Mann auf des toten Mannes Kiste,
Ho ho ho und ne Buddel mit Rum!
Fünfzehn Mann schrieb der Teufel auf die Liste ...

Dieses Lied aus dem Piratenroman Die Schatzinsel von Robert Louis Stevenson (1883) beschwört die Vorstellung von Piraten herauf, die Schätze vergraben und geheime Karten dazu zeichnen. Die Wirklichkeit aber sah anders aus.

Schon zur Wikingerzeit wurden Kisten mitgeführt, in denen die Seeleute persönliche Habe und Waffen verwahrten. Später transportierte man Gold, Silber usw. in stabilen Kisten mit Eisenbeschlägen und mehreren Schlössern.

> **Du brauchst:** *Wellpappe (50 x 50 cm), Lineal, Bleistift, Schere, selbst haftendes Kreppband, 1 Tasse Mehl, ca. 1/2 Tasse Wasser, Schüssel, Gabel, Zeitungspapier, feines Sandpapier, braune Acrylfarbe, Pinsel (5 cm), 1 Bogen schwarzes Papier, weißen Stift, Leim, Holzlack (matt), schwarzen Stoff (15 x 3 cm). Für die Achterstücke: selbst härtenden Ton, Zahnstocher aus Holz, Gold- und Silberfarbe.*

Als William Kidd 1699 nach Nordamerika zurückkehrte, hatte er angeblich Beute im Wert von 400.000 Pfund bei sich. Da er ahnte, dass man ihn wegen Piraterie verhaften würde, vergrub er einen Teil auf Gardiner's Island bei New York. Elf Beutel mit Silber und Gold, die er bei einem Freund hinterlegt hatte, wurden vor dem Prozess den Behörden übergeben. Später hat man in Kanada, Florida und der Karibik nach weiterer Beute gesucht, jedoch nichts gefunden.

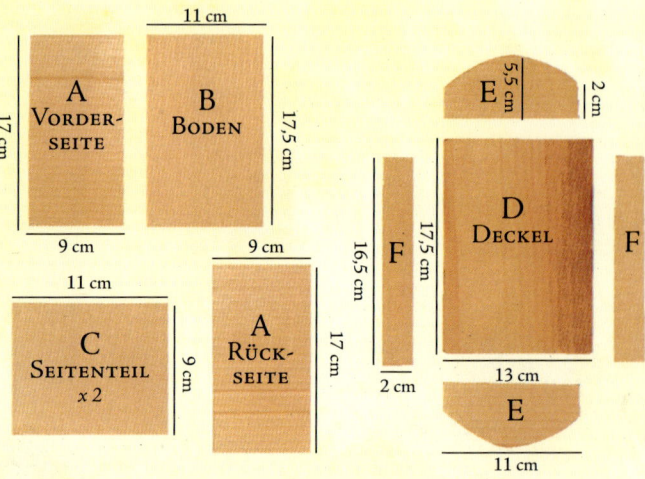

1 Übertrage sämtliche Teile mit den oben angegebenen Maßen auf die Wellpappe und schneide anschließend alles aus.

4 Dann gibst du das Mehl in die Schüssel und fügst unter Rühren langsam Wasser hinzu, bis die Masse so zähflüssig ist wie Pfannkuchenteig.

5 Reiße das Zeitungspapier in Streifen und bestreiche diese mit Mehlteig. Beklebe damit die Kiste innen und außen (jeweils drei Schichten).

9 Nun bringst du die Kantenverstärkungen an, dann in gleichmäßigen Abständen die Bänder, und zwar so, dass sie „um die Kanten laufen".

10 Genauso gehst du beim Deckel vor. Achte darauf, dass die Bänder bei geschlossenem Deckel „umlaufen". Bestreiche dann Kiste und Deckel mit Lack.

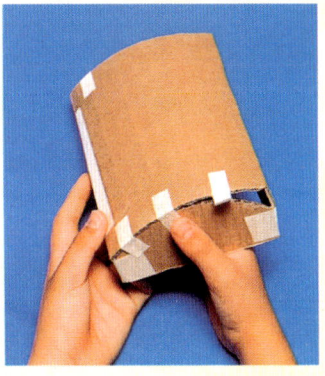

2 Nun befestigst du die Teile A und C (je 2) mit Kreppband aneinander und am Boden B, sodass du eine Schachtel vor dir hast. Auch innen verkleben.

3 Klebe nun die Deckelseiten E und F (je 2) aneinander. Wölbe dann den Deckel D und klebe ihn mit Kreppband an. Auch innen verkleben.

ACHTERSTÜCKE

1 Rolle zwischen den Handflächen mehrere Tonkugeln und drücke sie anschließend ganz flach.

2 Schau dir echte oder Bilder von alten Münzen an und „dekoriere" deine dann mit dem Zahnstocher.

3 Nachdem deine Münzen gehärtet sind, kannst du sie noch mit Gold- und Silberfarbe bemalen.

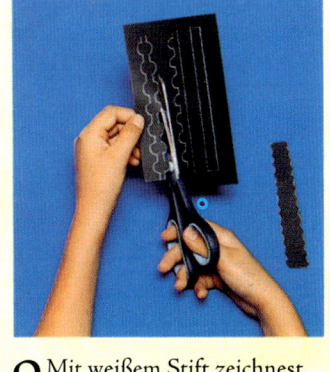

6 Anschließend lässt du die Kiste ein paar Stunden trocknen. Wenn sie gehärtet ist, glättest du sie sorgfältig mit dem feinen Sandpapier.

7 Bestreiche Kiste und Deckel jeweils außen und innen mit ein bis zwei Schichten brauner Acrylfarbe; zwischendurch die Farbe trocknen lassen.

8 Mit weißem Stift zeichnest du Bänder und Kantenverstärkungen auf das schwarze Papier. Mit dem Lineal die Längen prüfen, dann ausschneiden.

11 Nimm nun den schwarzen Stoffstreifen und leime eine Hälfte davon innen an die Längsseite des Deckels. Den Rest lässt du zunächst überstehen.

12 Lege Kiste und Deckel exakt aneinander und klebe dann die andere Streifenhälfte längs an die innere Kistenrückwand. Du erhältst ein Scharnier.

Wenn du die Kiste mit Samt ausschlägst, kannst du Geld oder deine Schätze darin aufbewahren. Die Piraten hatten in ihren Kisten u.a. Golddublonen und Achterstücke aus Silber.

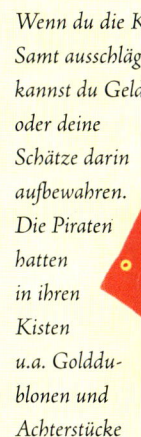

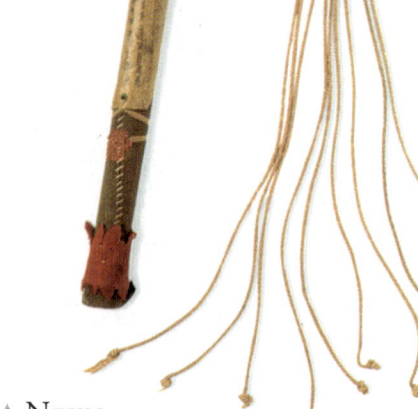

Kein Pardon für Freund und Feind

Manche Piraten gingen unvorstellbar grausam gegen ihre Feinde vor. Sie misshandelten, verstümmelten oder töteten sie. Zur Folter griffen sie vor allem dann, wenn sie herausfinden wollten, ob an Bord Wertsachen versteckt waren Bei den chinesischen Piraten war es üblich, Gefangene in enge Bambuskäfige zu zwängen.

Aber auch die Piraten selbst mussten mit harten Strafen rechnen, wenn sie gegen die Regeln auf ihrem Schiff verstießen: Schläge und Peitschenhiebe waren an der Tagesordnung. Bestahl z.B. ein Pirat einen Kameraden, so lief er Gefahr, dass man ihm die Ohren abschnitt. John Phillips, der um 1720 die Revenge kommandierte, ließ seine Leute bei einer Axt (statt bei der Bibel) schwören, jeden Deserteur oder Verräter auf einer einsamen Insel auszusetzen. Der Unglückliche be kam eine Flasche Schießpulver, eine Pistole mit Munition und etwas Wasser. Nahm ihn nicht binnen weniger Tage ein Schiff auf, bedeutete das den sicheren Tod.

▲ NEUN- SCHWÄNZIGE KATZE

Piraten, die ausgepeitscht werden sollten, mussten die Peitsche dafür selbst herstellen. Die neun Stränge eines Seils wurden an einem Stiel befestigt und am anderen Ende mit Knoten versehen. Auch bei der britischen Marine waren solche Bestrafungen üblich.

◄ RACHEGELÜSTE

Mancher Pirat, der früher auf einem Handels- oder Marineschiff unter der Härte der Offiziere gelitten hatte, nahm grausam Rache, wenn sich die Möglichkeit bot. Der Schiffskapitän auf dem Bild links ist rachsüchtigen Piraten in die Hände gefallen; seine Chancen, ungeschoren davonzukommen, stehen schlecht.

ZU GUTMÜTIG ▶

Dem irischen Piratenkapitän Edward England, der in den afrikanischen Küstengewässern Frachtschiffe der Ostindischen Kompanie überfiel, wurde seine Gutmütigkeit zum Verhängnis. Hier ist er vor der Cassandra zu sehen, einem Ostindienfahrer, den er 1720 nahe der Komoren kaperte. England schenkte dem Kapitän der Cassandra die Freiheit und überließ ihm ein stark beschädigtes Piratenschiff. Die Mannschaft missbilligte dies und setzte ihn in einem Boot aus. England erreichte Madagaskar, wo er sich bis zu seinem Tode als Bettler durchschlug.

MENSCHLICHE GESCHOSSE ▶

Im 19. Jh. blockierten mehrfach europäische Kriegsschiffe den Hafen von Algier, einem Piratenstützpunkt an der nordafrikanischen Küste. Die muslimischen Verteidiger schossen angeblich mit „menschlicher Munition" – französischen Bürgern. Über die Barbaresken kursierten schauerliche Geschichten, von denen manche wohl übertrieben waren. Im Allgemeinen aber galt den Piraten ein Menschenleben nicht viel.

▲ GLÜHENDE KOHLEN

Die Westküste Indiens südlich von Bombay war schon im 2. Jh. n.Chr. als „Piratenküste" bekannt. Im 18. Jh. überfielen dort die Maratha-Piraten europäische Frachtschiffe. Das Bild oben zeigt den Kapitän eines britischen Ostindienfahrers; er wird von Piraten – unter ihnen vermutlich Kanhoji Angria (das Oberhaupt der Seeräuberdynastie) – mit glühenden Kohlen malträtiert.

ÜBER DIE PLANKE ▶

Angeblich zwangen die Piraten des 18. Jh. ihre Opfer, über eine Planke ins "nasse Grab" zu gehen. Ob dies oft vorkam, ist fraglich. Belegt ist nur ein Vorfall, über den eine Zeitung 1820 berichtete. Üblicher war es wohl, dass die Piraten Gefangene über Bord stießen.

Piratenhäfen

Jede Piratenmannschaft brauchte einen Ort, wo sie sicher
anlegen, die Vorräte aufstocken und die nächste Fahrt planen
konnte. Ein solcher Piratenhafen musste einfach zu verteidigen
sein und nach Möglichkeit außerhalb der Reichweite des Gesetzes
liegen. In den 1720er-Jahren hielt sich der walisische Piratenkapitän Bartholomew Roberts mit seinen Leuten eine Zeit lang in
Sierra Leone (Westafrika) auf; ihr Gastgeber war der Bukanier
John Leadstone, auch Old Crackers genannt.

Um 1700 gründete die Piraten sogar einen eigenen Staat: die
Republik Libertalia auf der Insel Madagaskar. Rund tausend Jahre
zuvor hatten griechische Piraten an der Mittelmeerküste in eigenen Siedlungen gelebt.

Der Hafen von Saint-Malo in der Bretagne galt lange als Korsa-
renstützpunkt. In den 1630er-Jahren war die Insel Tortuga vor
Hispaniola der wichtigste Schlupfwinkel der Bukanier, und Port
Royal auf Jamaika diente ihnen von ca. 1660 bis 1690 als Basis.
Nach Port Royals Zerstörung nutzten die Piraten Nassau auf den
Bahamas als Stützpunkt.

▲ DAS GELOBTE LAND

Die Bildkarte zeigt eine Piratenfestung auf Madagaskar. Von
1690 bis etwa 1730 lebten auf der Insel Tausende von Piraten
aus Europa und der Neuen Welt. Auf Madagaskar war es ganz-
jährig warm, schöne Frauen leisteten den Seeräubern Gesellschaft, und es gab Essen im Überfluss. Doch die Idylle war nicht
von Dauer: Bald tauchten Marineschiffe auf, die Jagd auf die
Piraten machten.

▲ IDEAL GELEGEN

Großsegel streichen, Anker werfen! Eine Piratenmannschaft kehrt abgekämpft zurück, um Vorräte
an Bord zu nehmen. Ihr Schlupfwinkel liegt an einer
versteckten, von Klippen umgebenen Bucht mit
schmaler Zufahrt. Im grünen Hinterland finden sie
Nahrung (Früchte, Beeren), außerdem können sie auf
die Jagd gehen.

▼ KORSARENSTADT

1762 griff eine englische Flotte, die von Freibeutern heimgesucht worden
war, den Hafen von Saint-Malo in Nordfrankreich an. Die Bürger
Saint-Malos waren durch das Korsarentum reich geworden; von
englischen und holländischen Schiffen verlangten sie Zoll für die
Fahrt durch den Ärmelkanal. Der bekannteste französische
Korsar war René Duguay-Trouin (1673–1736).

◀ DER TEUFEL HAT DEN SCHNAPS GEMACHT

Nach Monaten auf See genießt eine Piratenmannschaft das Leben an Land: Der Alkohol (Wein, Rum, Gin und Bier) fließt in Strömen. Die freie Zeit vertreiben sich die Piraten mit Würfeln und Kartenspiel, manchmal auch mit Hahnenkämpfen. Englische Piraten brachten angeblich Volkstänze aus Nicaragua nach Europa.

KLEINE KÖNIGE ▶

Manche Piraten gründeten auf Madagaskar ihre eigenen kleinen Reiche. Zu ihnen gehörte der aus Jamaika gebürtige Abraham Samuel; ihm unterstand in den 1690er-Jahren ein Gebiet im Süden der Insel bei Fort Dauphin (heute: Tôlanaro). Im Norden befand sich John Plantains Herrschaftsgebiet – er bezeichnete sich selbst als „König von Ranter Bay".

◀ EINE IDYLLE?

Das Bild links zeigt die Landschaft um Port Royal auf Jamaika. In der Stadt gab es Sklavenmärkte und üble Hafenspelunken. 1655 eroberten die Briten Jamaika von den Spaniern. Anfangs durften die Bukanier den Hafen von Port Royal benutzen – sofern sie weiterhin spanische Schiffe überfielen. Ab 1690 jedoch ging die Obrigkeit gegen die Piraterie vor. Port Royal (heute: Kingston) wurde 1692 durch ein Erdbeben zerstört.

Strafgericht

Um 470 v.Chr. trat in der griechischen Stadt Teos dreimal jährlich ein Richtergremium zusammen, um die Todesstrafe über jeden zu verhängen, der sich der Piraterie schuldig gemacht hatte. Im Römerreich kreuzigte man gefangene Piraten, und zwischen 1000 und 1500 wurden in Hamburg mehrere hundert Seeräuber enthauptet. Im 17. und 18. Jh. drohte den Piraten der Galgen. Mitunter stellte man ihre Leichen in Eisenkäfigen als Abschreckung zur Schau; dies geschah z.B. mit William Kidd nach seiner Hinrichtung in London.

Letztendlich sorgte aber nicht die Angst vor Strafe, sondern die moderne Technik für den Rückgang der Piraterie. Schnelle Dampfschiffe, Präzisionswaffen und der Funkverkehr erschwerten Überfälle und erleichterten die Piratenjagd, sodass es ab 1930 nur noch selten zu Angriffen auf See kam.

In den 1980er-Jahren erlebte das Piratenwesen ein Comeback. Luxusjachten in der Karibik und vor der griechischen Küste wurden überfallen. In Südostasien tauchten mit Maschinengewehren bewaffnete Piraten in Schnellbooten wie aus dem Nichts auf und brachten riesige Öltanker in ihre Gewalt. Dank internationaler Bemühungen konnte die moderne Piraterie wieder eingedämmt werden.

▲ ERBARMUNGSLOS
Im 18. Jh. wurden in den britischen Kolonien in Amerika Gerichte zur Aburteilung von Piraten eingesetzt. Marineoffiziere und hohe Kolonialbeamte verhängten drakonische Strafen – auf Milde hofften die Angeklagten vergebens.

TOD IN LONDON ▶
Hier wird ein Pirat vor der Hinrichtung durch die Straßen Londons geschleift. Dieses Schicksal ereilte auch William de Marisco (oder Marsh). Er hatte seinen Schlupfwinkel auf der Insel Lundy im Bristolkanal und überfiel Schiffe an der englischen Westküste. 1242 wurde er gefasst und zum Tod am Galgen verurteilt.

ENDE MIT SCHRECKEN ▶
Bei ihrem Versuch, der Piraterie vor China ein Ende zu bereiten, töteten die Briten über 2000 Piraten. Im September 1849 bombardierten sie in der Biasbucht nahe Hongkong das Geschwader des Piratenführers Chui Apoo. Die Dschunken wurden zerstört, die Waffen beschlagnahmt, und 400 Piraten fanden den Tod. Chui Apoo selbst entkam verletzt, wurde aber später verraten.

ENDSTATION GALGEN ▶

1718 wurden in der amerikanischen Stadt Charleston
Major Stede Bonnet und 28 seiner Leute zum Tod
durch den Strang verurteilt. Bonnet, ein ehemaliger
Plantagenbesitzer, segelte unter Blackbeard, wurde
aber von diesem betrogen. Daraufhin überfiel er auf
eigene Faust Schiffe an der Küste Virginias. Ende des
17. Jh. hatten die Kolonialbe-
hörden Maßnahmen er-
griffen, um der Piraterie
in den Küstengewäs-
sern Nordamerikas
und im Karibischen
Meer Herr zu
werden. So wurden
z.B. Kopfprämien
ausgesetzt.

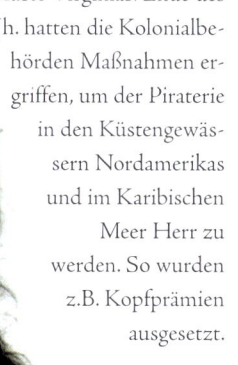

▲ BILD DES SCHRECKENS

Dieser Abguss zeigt einen Flusspiraten, der im
19. Jh. den Jangtsekiang unsicher machte. Wie
Hunderte anderer Piraten in China wurde er enthauptet. Veranlasst wurde dies von der chinesischen
Regierung und europäischen Machthabern, denen
damals mehrere chinesische Städte unterstanden.
Die Piraten selbst gingen nicht minder grausam vor.

ENDE EINER ÄRA ▶

Hier warten chinesische Piraten in Kowloon
auf ihre Hinrichtung (1891), mit der die
letzte bedeutende Phase der Piraterie vor
China endete. Im ausgehenden 19. Jh.
verstanden sich viele Piraten als politische
Rebellen gegen die chinesische Regierung
und die Fremdherrschaft.

Übersicht

Mit dem Seehandel kam auch die Piraterie auf. Als ihr goldenes Zeitalter gelten das 17. und 18. Jh. Damals befuhren Abenteurer und Entdecker die Meere, um in Übersee ihr Glück zu machen. Im 20. Jh. ging die Piraterie stark zurück, doch es gibt auch heute noch Piraten.

700–100 v. Chr.

565 v. Chr GRIECHISCHE SIEDLER lassen sich auf Korsika nieder und leben von Piraterie.

538 v. Chr POLYKRATES wird Herrscher über die griechische Insel Samos und überfällt auf See Freund und Feind.

330 v. Chr ALEXANDER DER GROSSE will das Mittelmeer von Piraten säubern, hat aber wenig Erfolg.

Alexander der Große

Alexander der Große rüstet gegen griechische Piraten.

99 v.Chr.–699 n. Chr.

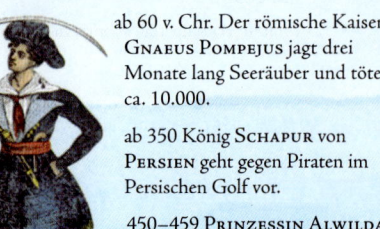

ab 60 v. Chr. Der römische Kaiser GNAEUS POMPEJUS jagt drei Monate lang Seeräuber und tötet ca. 10.000.

ab 350 König SCHAPUR von PERSIEN geht gegen Piraten im Persischen Golf vor.

450–459 PRINZESSIN ALWILDA von Gotland macht die Ostseeküsten unsicher.

450–459 IRISCHE PIRATEN vor der Westküste Britanniens.

Prinzessin Alwilda

1500–1529

Die Brüder Barbarossa

1504 BARBARESKEN, darunter die Brüder Barbarossa, kapern im Mittelmeer Galeeren mit Schätzen des Papstes.

1511 Der schottische Freibeuter ANDREW BARTON überfällt Schiffe vor der Küste Flanderns.

1522 Der Genueser VERRAZANO greift unter französischer Flagge drei aus der Neuen Welt kommende spanische Schatzgaleonen an.

1523 Eine weitere spanische SCHATZFLOTTE wird vor Portugal von dem französischen Freibeuter Jean Fleury überfallen.

1530–1559

1545 Der Engländer ROBERT RENEGER kapert vor Portugal die spanische Galeone San Salvador.

1553 Der französische Freibeuter FRANÇOIS LE CLERC (Spitzname Jambe de Bois = „Holzbein") greift die Spanier an.

1553 Die türkischen Piraten Dragut und Sinan belagern TRIPOLIS.

1558 Thomas Stucley, englischer Seeräuber „aus gutem Hause", steht wegen Piraterie vor Gericht.

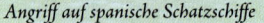

Angriff auf spanische Schatzschiffe

1560–1569

1560–1585 GRAINNE NI MHAILLE (Grace O'Malley) kommandiert eine Piratenflotte an der irischen Atlantikküste.

1562 Der englische Freibeuter JOHN HAWKINS bringt Sklaven von Westafrika in die Karibik.

1568–1572 Freibeuter aus England, Frankreich und Holland machen den ÄRMELKANAL unsicherer denn je.

1569 HOLLÄNDISCHE FREIBEUTER werden zur Gefahr für spanische Schiffe und Truppen in den Niederlanden.

Kaperschiff im Ärmelkanal

1660–1679

1660–1669 BUKANIER greifen in der Karibik spanische Schatzschiffe an. MALTESISCHE KORSAREN überfallen im Mittelmeer muslimische Flotten.

1668 Der Waliser Henry Morgan führt sein Bukanierheer nach PUERTO DEL PRÍNCIPE auf Kuba.

1674 Henry Morgan wird Gouverneur auf JAMAIKA.

1678 Alexandre Exquemelin, französischer Chirurg und Bukanier, schreibt ein Buch über die amerikanischen Seeräuber.

Rum aus Jamaika

1680–1689

1680 Der Bukanier BARTHOLOMEW SHARP umrundet plündernd Südamerika.

1681 LANCELOT BLACKBURN, englischer Priester und späterer Erzbischof von York, gesellt sich zu den Bukaniern.

1688 HENRY MORGAN stirbt an Trunksucht.

1689 WILLIAM KIDD verübt als Kaperkapitän Überfälle in der Karibik.

1689 Auf Madagaskar ernennt Abraham Samuel sich selbst zum PIRATENKÖNIG.

Gelage auf Madagaskar

1690–1699

1690 Die PIRATENRUNDE – von Amerika rund um Afrika nach Indien – wird „eröffnet".

1692 PORT ROYAL auf Jamaika, ein berüchtigtes Piratennest, fällt einem ERDBEBEN zum Opfer.

1694 Der Korsar JEAN BART aus Dünkirchen fällt den Engländern in die Hände und entkommt.

Jean Bart

1730–1799

1736 Der französische Freibeuter RENÉ DUGUAY-TROUIN aus Saint-Malo stirbt.

1756 Endgültige NIEDERLAGE DER MARATHA-PIRATEN in Indien.

1779 Freibeuter aus dem Kolonien in Nordamerika, u.a. PAUL JONES, überfallen Schiffe aus England.

1795 Der französische Kaperer ROBERT SURCOUF aus Saint-Malo greift auf dem Indischen Ozean Schiffe der Briten an.

Indische Piraten beim Foltern

1800–1810

1803 Die Amerikaner gehen gegen die PIRATEN VON DER BERBERKÜSTE vor.

1807–1810 CHING SHIH kommandiert eine Piratenflotte im Südchinesischen Meer.

Ching Shih beim Nahkampf

1809 Die Briten zerstören die Piratenbasis RAS AL KHAIMA am Persischen Golf.

1810 Der Franzose JEAN LAFITTE überfällt Schiffe, die von New Orleans (Amerika) aus in See stechen.

1810–1819

1812 JEAN LAFITTE wird amerikanischer Kaperkapitän.

1816 Briten und Holländer BOMBARDIEREN ALGIER, um der Barbaresken Herr zu werden.

1819 PIRATENSTÜTZPUNKTE im Persischen Golf werden zerstört.

Barbaresken mit „menschlicher Munition"

700–1010

789 WIKINGERPIRATEN überfallen britannische Küstenorte.

846 Der Wikingerführer RAGNAR LODBROK belagert Paris.

860–914 Die Wikinger bedrohen KONSTANTINOPEL (heute: Istanbul).

885 Ein Wikingerheer greift PARIS an.

1009 Der Wikinger OLAF HARALDSSON zerstört die London Bridge.

Olaf Haraldsson

13. Jh.

1217 EUSTACE, ein abtrünniger Mönch, wird in einer Seeschlacht vor Sandwich (England) enthauptet.

1242 WILLIAM DE MARISCO (Marsh) wird gefasst und in London getötet.

1243 König Heinrich III. von England stellt erste KAPERBRIEFE aus.

1281 KHUBILAI, mongolischer Herrscher Chinas, greift als Vergeltung für Piratenüberfälle Japan an – ohne Erfolg.

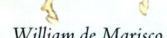

William de Marisco

1300–1499

1394 HARRY PAY segelt von Poole (England) nach Spanien und nimmt den Hafen von Gijón ein.

1399 Der Freibeuter JOHN HAWLEY aus Dartmouth (England) kapert vor Nordfrankreich 34 Schiffe.

1402 KLAUS STÖRTEBEKER, Anführer der Vitalienbrüder, wird in Deutschland hingerichtet.

1406 HARRY PAY entkommt den Franzosen und greift auf der Seine Schiffe an.

1492 Erste Fahrt des CHRISTOPH KOLUMBUS im Dienste Spaniens über den Atlantik.

Spanischer Schatz

1570–1589

1572 Der englische Seefahrer FRANCIS DRAKE greift in Nombre de Dios, einem Hafen an der Landenge von Panama, die Spanier an.

1573 Der deutsche Pirat KLEIN HÄNSLEIN und seine 33 Getreuen werden in Hamburg hingerichtet.

1578 FRANCIS DRAKE überfällt spanische Siedlungen an der Pazifikküste Mittel- und Südamerikas.

1580 Drakes Leutnant, JOHN OXENHAM, wird von den Spaniern gehängt.

1583 LADY MARY KILLIGREW überfällt in Cornwall mit ihren Leuten ein spanisches Schiff.

1586 FRANCIS DRAKE greift die Spanier im Hafen von Cartagena an.

1600–1619

1601 USKOKEN aus Segna bei Fiume (heute: Rijeka in Kroatien) überfallen venezianische Schiffe.

1607 Der englische Adlige SIR FRANCIS VERNEY schließt sich den Barbaresken an.

1611 Der holländische Pirat SIMON DANZIGER („des Teufels Kapitän") wird in Tunis gehängt, nachdem er sich erst zu den Barbaresken und dann wieder zu den Christen geschlagen hatte.

1612 Der Engländer PETER EASTON plündert mit seiner Piratenflotte Handelsschiffe im Mittelmeer.

Korsarenschiff im Mittelmeer

1620–1659

1620 In Salé an der marokkanischen Atlantikküste wird eine PIRATENREPUBLIK ausgerufen.

1627 Der Holländer JAN JANSZ überfällt mit den Barbaresken ISLAND.

1630 Die Karibikinsel TORTUGA wird Stützpunkt der BUKANIER.

1642 Der englische Kapitän WILLIAM JACKSON verpflichtet 1000 Mann für eine Kaperfahrt entlang der Nordostküste Südamerikas.

1650 Die Spanier gehen massiv gegen die aus England stammenden BUKANIER vor.

1700–1709

1700 Erstmals wird an einem Piratenschiff eine SCHWARZE FLAGGE mit Totenkopf und gekreuzten Knochen gesichtet.

John Rackhams Totenkopfflagge

1701 WILLIAM KIDD wird in London wegen Piraterie gehängt.

1705 Der Piratenkapitän THOMAS GREEN und 16 seiner Leute sterben im schottischen Edinburgh am Galgen.

Blackbeard

1710–1719

1716–1718 NEW PROVIDENCE auf den Bahamas wird ein bedeutender PIRATENSTÜTZPUNKT.

1717 Sam Bellamys PIRATENSCHIFF WHYDAH erleidet vor Cape Cod SCHIFFBRUCH.

1718 Der ehemalige Pflanzer Major STEDE BONNET wird wegen Piraterie gehängt. Edward Teach (BLACKBEARD) stirbt.

1718 CHRISTOPHER CONDENT überfällt vor Afrika und Arabien Schiffe.

1719 Der walisische Pirat HOWELL DAVIS kommt an der Guineaküste zu Tode. Sein Landsmann Bartholomew Roberts treibt vor dieser Küste sein Unwesen.

1720–1729

1720 MARY READ und ANNE BONNY stehen auf Jamaika vor Gericht. Ihr Kapitän „Calico Jack" Rackham wird gehängt, ebenso der Pirat Charles Vane. ab ca. 1720 John Plantain regiert als PIRATENKÖNIG auf Madagaskar.

1722 BARTHOLOMEW ROBERTS' Mannschaft wird in Afrika gefasst (52 sterben am Galgen). Das gleiche Schicksal ereilt 41 Männer Mathew Lukes auf Jamaika.

1723 Der Piratenkapitän THOMAS ANSTIS wird in der Karibik von den eigenen Leuten ermordet.

Mary Read

1820–1849

1826 Der siebzigjährige arabische Pirat RAHMAH BIN JABR sprengt in der Schlacht das eigene Schiff in die Luft.

1827 Der Spanier BENITO DE SOTO treibt auf dem Atlantik sein Unwesen.

1843 Die Briten gehen gegen DAJAK-STÜTZPUNKTE auf Borneo vor.

1849 Eine CHINESISCHE PIRATEN-FLOTTE wird von den Briten vor der Küste Vietnams zerstört.

Ein chinesischer Pirat greift an.

1850–1869

1851 Der chinesische PIRAT CHUI APOO begeht im Gefängnis Selbstmord.

1856 Großbritannien, Frankreich und Russland schaffen das KAPERWESEN ab.

1857 ELI BOGGS, ein amerikanischer Pirat, wird im Südchinesischen Meer von dem amerikanischen Handelskapitän Henry Hayes gefasst.

Piratendschunke

20. Jh.

Luftpiraten entführen Flugzeuge.

Überfälle auf Öltanker

1920–1939 Politische Aufrührer in China begehen als Piraten LETZTE ÜBERFÄLLE auf See.

1985 Das italienische Kreuzfahrtschiff ACHILLE LAURO wird von einer palästinensischen Terrorgruppe entführt.

1992 Nachdem ein großer Tanker von Piraten angegriffen wurde, entsenden die Briten PATROUILLENSCHIFFE nach Südostasien.

Glossar

Achterstücke
Spanische Silbermünzen im Wert von acht Real.

Ankerspill
Winde mit langen Spaken, die von Seeleuten im Kreis geschoben werden mussten (zum Heben des schweren Ankers).

Barbaresken
Muslimische Seeräuber von der Berberküste; abgeleitet von dem Begriff „Barbaren", mit dem die europäischen Kreuzfahrer ihre muslimischen Gegner bezeichneten.

Berberküste
Bereich der nordafrikanischen Küste, in dem die muslimischen Seeräuber ihre Stützpunkte hatten, benannt nach den dort heimischen Berbern.

Brigantine
Segelschiff mit zwei Masten.

Bug
Vorderer, spitz zulaufender Teil eines Schiffes.

Bugspriet
Schräg über den Bug nach vorn ragender Mast.

Bukanier
Piraten und Freibeuter, die im Karibischen Meer spanische Schiffe plünderten und Häfen der Spanier an den Küsten überfielen.

Deserteur
Hier: Pirat, der sich klammheimlich vom Kampfgeschehen oder vom Schiff entfernt bzw. entfernen will.

Dhau
Arabisches Segelschiff mit einem oder zwei Masten und dreieckigen Segeln.

Dschunke
Segelschiff aus Holz, traditionell im Fernen Osten benutzt.

Emblem
Kennzeichen eines Staates, auch Hoheitszeichen; bei Piraten: das Symbol des betreffenden Kapitäns.

Enterhaken
An einem Seil befestigtes Eisengebilde mit vier gebogenen Enden mit Widerhaken, wurde in die Takelage gegnerischer Schiffe geschleudert, sodass sich diese heranziehen ließen.

Entermesser
Eine Art Schwert, das Seeleute und insbesondere Piraten ab dem 17. Jh. mitführten und vorzugsweise im Nahkampf einsetzten.

Fall
Leine zum Aufziehen einer Flagge oder eines Segels.

Flaute
Phase der Windstille, in der ein Segelschiff nicht vorankommt.

Fregatte
Schwer bewaffnetes, aber dennoch wendiges Kriegsschiff.

Galeere
Großes Holzschiff, das mit Rudern fortbewegt wird.

Galeone
Großes Segelschiff mit drei oder mehr Masten, vom 16. bis zum 18. Jh. als Kriegsschiff und von den Spaniern für ihr Schatzflotten eingesetzt.

Galionsfigur
Aus Holz geschnitzte, oft bemalte Figur am Bug von Segelschiffen.

Geschützpforten
Öffnungen oben an den Rumpfseiten, durch die man Kanonenrohre zum Feuern schob.

Guineaküste
Die Küste um den Golf von Guinea in Westafrika.

Heck
Hinteres Ende des Schiffes.

„Jolly Roger"
Bezeichnung für Piratenflaggen mit Todessymbolen.

Kalfatern
Versiegeln der Lücken zwischen den Schiffsplanken mit Werg und Pech.

Kanonier
Hier: Seemann, der die Geschütze bedient d.h. für das Abfeuern der Kanonen zuständig ist.

Kaperbrief
Vom Herrscher oder der Regierung eines Landes ausgestelltes Dokument, das den Besitzer zum Angreifen von Schiffen berechtigt, ohne dass er dafür bestraft wird.

Kiel
Unterster, in der Mitte des Schiffsrumpfes liegender Balken.

Kielholen
Vorgang, bei dem das Schiff auf den Strand gezogen wird, damit der Rumpf gereinigt und bei Bedarf ausgebessert werden kann.

Kombüse
Küche an Bord eines Schiffes.

Korsar
Pirat oder Freibeuter aus den europäischen Mittelmeerländern und von der nordfranzösischen Küste.

Krähennest
Kleine Plattform oder Korb hoch oben am Mast, die bzw. der als Ausguck dient.

Langschiff
Langes, stromlinienförmiges Holzschiff, mit dem die Wikinger Beutezüge und Erkundungsfahrten unternahmen.

Lunte
Langsam abbrennende Zündschnur zum Zünden z.B. einer Ladung Schießpulver.

Marlspieker
Werkzeug, aus einem Griff mit Metallspitze bestehend, das zum Spleißen von Tauwerk benutzt wurde.

Meuterei
Weigerung der Mannschaft, den Befehlen des Kapitäns Folge zu leisten, oder Aufstand der Mannschaft.

Muskete
Alte Handfeuerwaffe, die mit einer Lunte gezündet wurde.

Ostindienfahrer
Großes Handelsschiff aus England oder Holland für den Einsatz im Seehandel mit Asien.

Piragua
Kanu mit Segeln, das die ersten Bukanier in der Karibik benutzten.

Piratenrunde
Route, die ab etwa 1690 bevorzugt von den Piraten befahren wurde: Sie verlief von Nordamerika bzw. der Karibik an der westafrikanischen Küste entlang, um das Kap der Guten Hoffnung und an Madagaskar und dem Roten Meer vorbei durch den Indischen Ozean.

Piraterie
Überfälle auf Schiffe oder Küstenorte, verbunden mit Plünderung und/oder Zerstörung.

Pökeln
Einlegen von frischem Fleisch in Salzlake, um es haltbar zu machen.

Prahu
Eine Art Galeere aus Holz, die in Südostasien benutzt wurde.

Pulvermagazin
Lagerraum, in dem an Bord eines Schiffes der Schießpulvervorrat aufbewahrt wird.

Rapier
Fechtwaffe, die einem Degen ähnelt.

Reff
Vorrichtung zum Verkleinern der Segelfläche und zum Aufrollen des Segels.

Schaluppe
Schnelles, kleineres Segelschiff mit einem Mast.

Schanzkleid
An der Außenseite der Reling (Geländer ums Deck) angebrachte Verkleidung, z.B. aus Segeltuch.

Schoner
Schnelles, kleineres Segelschiff, meist mit zwei Masten.

Skorbut
Mitunter tödlich verlaufende Krankheit, die durch Mangel an Vitamin C (in Obst und Gemüse enthalten) verursacht wird. Symptome sind u.a. Blässe, Mattigkeit, Blutungen, Zahnausfall.

Spier
Stange der Takelage.

Spleißen
Ineinanderflechten einzelner Stränge zweier Tauenden zwecks Herstellen einer festen Verbindung.

Steinschlosspistole
Feuerwaffe, bei der ein Feuerstein über ein Metallplättchen glitt, woraufhin der so erzeugte Funke das Schießpulver entzündete. Dieses wiederum trieb die Kugel aus dem Lauf.

Stundenglas
Einfache Vorrichtung zur Zeitmessung, bestehend aus zwei miteinander verbundenen Glaskolben, wobei vom oberen Sand in den unteren rieselt.

Takelage
Gesamtheit der Vorrichtungen, die die Segel eines Schiffes tragen (u.a. Masten, Spiere, Taue ...).

Tiefgang
Senkrechter Abstand von der Wasserlinie bis zur unteren Kante des Kiels eines Schiffes (Eintauchtiefe).

Webeleine
Gitterförmig verflochtene Taue, die eine Art Strickleiter bilden, an der man bis zur Mastspitze emporklettern kann.

Werg
Abfall von Hanf oder Flachs.

Westindische Inseln
Die Antillen und die Bahams.

Register